GALERIE

DU

MUSÉE NAPOLÉON.

TOME HUITIEME.

GALERIE

DU

MUSÉE NAPOLÉON,

Publiée par FILHOL, graveur,

Et rédigée par LAVALLÉE (Joseph), Secrétaire perpétuel de la Société philotechnique, des Académies de Dijon et de Nancy, de la Société royale des Sciences de Gothingue, etc.

DÉDIÉE

A S. M. L'EMPEREUR NAPOLÉON I.ᴇʀ

TOME HUITIÈME.

PARIS,

Chez FILHOL, Artiste-Graveur et Éditeur, rue du Théâtre-Français, N.º 35.

DE L'IMPRIMERIE DE GILLÉ FILS,

1812.

TABLE

DU HUITIÈME VOLUME.

LIVRAISONS DE 85 à 96.
GRAVURES DE 5o5 à 578.

SUJETS DE PEINTURE.

NOMS DES MAITRES.	ECOLES.	EXPOSITION DES SUJETS.	NUMÉROS des Planches.
Le Brun.	Française. . .	Portrait de Dufresnoy.	571
Leduc.	Flamande. . .	Femme arrêtée par des Voleurs.	519
Le Sueur.	Française. . .	Clio, Euterpe et Thalie	518
Idem	Idem. . . .	Saint Bruno aux pieds de Saint Hugues	529
Idem	Idem. . . .	Melpomène, Polymnie et Erato.	530
Idem	Idem. . . .	La Vision de Saint Benoît . . .	555
Idem	Idem. . . .	Hommage à l'Amour.	543
Idem	Idem. . . .	Voyage à la Chartreuse	548
Idem	Idem. . . .	Construction de la Grande Chartreuse	562
Idem	Idem. . . .	S. Gervais et S. Protais refusent de sacrifier aux faux Dieux.	573
Idem	Idem. . . .	L'apothéose de Saint Bruno. . .	574
Manfredi.	Italienne . . .	La Diseuse de bonne aventure. .	537
Mantégne	Idem. . . .	Le Parnasse	506
Metzu (G.)	Flamande. . .	La Femme charitable	531
Idem	Idem. . . .	Marché aux herbes d'Amsterdam	576
Miéris.	Idem. . . .	Le Marchand de Gibier. . . .	527
Ostade.	Idem. . . .	Paysans et Chansonniers. . . .	544
Porbus.	Idem. . . .	Cérémonie Religieuse.	563
Potter (Paul) . . .	Idem. . . .	L'Hôtellerie.	514
Poussin (N.). . . .	Française. . .	Le Repos de la Sainte Famille .	524
Idem	Idem. . . .	Le Paradis terrestre.	538
Idem	Idem. . . .	Le Jugement de Salomon . . .	541
Idem	Idem. . . .	L'assomption de la Vierge . . .	561
Poussin (Gaspre). .	Italienne . . .	Un Paysage	557
Rembrant	Flamande. . .	Les Pélerins d'Emaüs	507
Idem	Idem. . . .	Paysage	508
Idem	Idem. . . .	Saint Mathieu.	509
Idem	Idem. . . .	Le Philosophe en méditation . .	575
Santerre.	Française . . .	Suzanne au bain	555
Sarto (André del) .	Italienne . . .	La Charité	505
Schedone.	Idem. . . .	Le Christ au tombeau	517
Idem	Idem. . . .	Le Repos de la Sainte Famille .	568
Téniers (D.). . . .	Flamande. . .	Un Estaminet.	549
Ulft (Van der). . .	Idem. . . .	Une Porte de Ville	526
Valentin.	Française. . .	Un Concert.	542

SCULPTURE.

FIN DE LA TABLE DU HUITIÈME VOLUME.

ANDRE DEL SARTO.

D.é par Bourdon. Grav.é à l'Eau-forte par Quiverdo. Ter.é par M.de Hubard.

LA CHARITÉ.

EXAMEN
DES PLANCHES.

PLANCHE PREMIÈRE.

ANDRÉ DEL SARTO.

LA CHARITÉ; *peint sur bois et transporté sur toile ; hauteur un mètre quatre-vingt-cinq centimètres ou cinq pieds sept pouces ; largeur un mètre trente-huit centimètres sept millimètres ou quatre pieds deux pouces.*

CE tableau est l'un des plus beaux ouvrages sortis du pinceau de ce peintre aussi célèbre qu'infortuné. Voici à quelle occasion il fut exécuté. Nous avons parlé ailleurs du déplorable aveuglement qui retenait André del Sarto sous le joug de Lucrèce, sa femme, dont la vertu était loin de répondre à la beauté. Ce fut cette malheureuse passion, source de tous ses malheurs, qui le porta à payer de la plus noire ingratitude les bontés dont l'avait comblé François I.er, roi de France, et à abuser indignement de la confiance dont ce monarque l'avait honoré, en dissipant les fortes sommes qu'il lui avait fait remettre pour les employer en acquisitions. Quelques années après, un florentin nommé Gio. Batista della Palla fut chargé d'acquérir, en Toscane, tout ce qu'il pourrait trouver de précieux en sculpture et en peinture, pour décorer quelques salles des palais du même roi, et dépouilla Florence, *senza alcun rispetto*, dit le Vasari dans son humeur jalouse, d'une foule d'objets rares. Della Palla qui s'intéressait à André del Sarto, crut qu'en lui commandant un tableau qui pût entrer dans cette collection, ce serait lui fournir un moyen de rentrer en grâce. Le peintre, que les remords poursuivaient, embrassa le même espoir, et au lieu d'un tableau en exécuta deux. L'un représentait le Sacrifice d'Abraham; l'autre est celui que nous publions aujourd'hui. La mort d'André del Sarto qui suivit de près ce travail, ne permit pas de savoir si la miséricorde royale eût fait grâce à la faute en faveur du talent. Il est permis d'en douter. La généreuse noblesse du caractère de François I.er lui eût fait pardonner sans doute à l'ingratitude, mais sa probité chevaleresque lui eût fait repousser avec indignation l'infidelle stellionataire.

Quoiqu'il en soit, André del Sarto, animé par cette lueur d'espérance, déploya dans ces deux ouvrages toutes les ressources de son admirable talent. Il a représenté dans celui-ci la Charité sous la figure d'une femme assise, tenant sur ses genoux deux enfans. L'un des deux suspendu à son sein, y puise le premier aliment de la vie. Le second lui montre, en souriant, un bouquet de noisettes qu'il tient à la main. Un troisième enfant est à ses pieds, la tête appuyée sur le bord de sa draperie. Il est plongé dans un profond sommeil.

On retrouve dans ce beau tableau, ce grand caractère de dessin ordinaire à l'Ecole Florentine. Les draperies sont d'un beau jet; l'ajustement général plein de noblesse : enfin, tout y est grandiose.

Ce tableau avait été exécuté sur bois par l'auteur, et fut le premier que l'on essaya de transporter sur toile. Cette opération fut tentée, il y a soixante ans environ, par M. Picault. Il y avait au moins de l'imprudence de choisir un chef-d'œuvre pour un semblable essai. Heureusement le succès le plus complet couronna l'entreprise. Depuis, le procédé de cet artiste a été perfectionné, et cette translation qui semble, au premier coup-d'œil, devoir offrir tant de difficultés et de risques, est devenue maintenant si certaine et si commune, qu'il nous semble inutile d'en entretenir le lecteur. Voici comme ce tableau est signé : *Andreas Sartus Fiorentinus me pinxit M. D. X. VIII.*

Quoique ce bel ouvrage eût été commandé pour François I.er, ce monarque ne le posséda pas de suite. La mort d'André del Sarto

LE PARNASSE.

suivit de près son exécution, et sa femme, dont le peu de délicatesse était assez connu, le vendit à un peintre nommé Domenico Conti, artiste assez médiocre, quoiqu'élève d'André del Sarto. Il fut héritier de tous ses dessins et de ses cartons, et par reconnaissance lui fit graver sur un marbre que sculpta Raphaël Montelupo, une épitaphe composée par Pietro Vettori, qu'il plaça dans l'église des Servites, mais que des ouvriers ignorans enlevèrent bientôt après. Dans la suite, il vendit le tableau que nous venons de décrire à Nicolo Antinori. Il est probable que Gio. B. della Palla le réclama. Mais si cela est, il fut long-tems avant d'obtenir justice, puisqu'Antinori possédait encore le tableau quand Vasari écrivait. Au reste, il est certain qu'il appartint à François I.er, et c'est un des plus anciens dans la collection des rois de France.

PLANCHE II.

MANTEIGNE (ANDREA MANTEIGNA), né en 1441, mort en 1517 ; élève du SQUARCIONE, peintre de Padoue, fut fondateur de l'Ecole de Mantoue.

LE PARNASSE ; *peint sur toile en détrempe ; hauteur un mètre quarante-huit centimètres sept millimètres ou quatre pieds cinq pouces ; largeur un mètre quatre-vingt-treize centimètres six millim. ou cinq pieds dix pouces.*

VOICI la première fois que nous avons occasion de parler de ce peintre, à la gloire duquel il ne manqua peut-être que de vivre à une époque moins voisine de celle où les arts en Italie sortaient de la barbarie. Quoiqu'il en soit, il tient un rang très-distingué parmi les hommes célèbres, dont le génie présida à la renaissance de ces arts qui, pendant près de deux siècles, répandirent tant d'éclat sur ces belles contrées.

Manteigne fut tout à-la-fois peintre, architecte et graveur. Il fit son apprentissage sous le Squarcione, dont les talens illustrèrent Padoue, et qui, tourmenté par le génie des arts, non-seulement parcourut toute l'Italie, mais encore visita la Grèce et l'Asie mineure, et rapporta dans sa patrie une collection nombreuse de marbres et de précieux fragmens de l'antiquité. Ce fut au milieu de tant de modèles inspirateurs, qu'il initia aux secrets de l'art Manteigne, dont l'intelligence, la sagacité et les dispositions supérieures le charmaient, et qu'il aima assez tendrement pour l'adopter pour fils. Mais l'amour de Manteigne pour une fille de Jacques Belin et l'hymen qui en fut la suite, troubla l'attachement du maître pour l'élève. Squarcione ne put pardonner à Manteigne d'être entré dans une famille féconde en artistes, qu'il regardait comme ses rivaux. Il chercha à s'en venger en critiquant avec amertume tout ce qui sortait des pinceaux de celui qu'il accusait d'ingratitude. Mais ce genre de vengeance ne fit qu'accélérer les progrès de Manteigne, qui, tandis que cette critique l'éclairait, puisait dans les conseils et les exemples des Belins, et des consolations et des moyens de perfectionnement plus étendus.

Ce fut ainsi qu'il parvint au rang élevé que nous lui voyons tenir dans les arts. La justesse de son expression, la grâce, la noblesse de ses compositions, la pureté de son style, le placent immédiatement à côté de Léonard da Vinci, dont il fut le contemporain et dont il partagea la haute célébrité. L'Arioste, en parlant des grands peintres de son tems, le cite avec honneur, et cet hommage rendu à ses talens par ce poète immortel, n'a point été démenti par la postérité.

Manteigne, aimé et protégé par Louis de Gonzagues, marquis de Mantoue, travailla long-tems pour ce prince. Ce fut alors que, conjointement avec Lorenzo Costa, peintre de Ferrare, il exécuta plusieurs tableaux pour le palais Saint-Sébastien, au nombre desquels était celui que nous publions aujourd'hui. Le sujet est puisé dans la mythologie des anciens. Il représente Apollon assis, faisant danser les Muses au son de sa lyre harmonieuse ; à droite et sur le devant du tableau, le complaisant Mercure s'est chargé de la garde de Pégase, dont le pied frappant la terre et les ailes entr'ouvertes annoncent la fougueuse impatience. Une double action que Manteigne a introduite dans ce charmant tableau, nuit peut-être à l'admiration en la partageant. Sur la cime d'un rocher que le tems et la nature ont percé, et dont la voûte irrégulière laisse apercevoir au loin une vaste et riante campagne, il a placé Vénus recevant les adieux de Mars. A leurs pieds le malicieux Amour, à l'aide d'une sarbacanne, vient d'éveiller la jalousie de Vulcain, qui, furieux, à l'entrée de ses forges, est témoin de l'imprudent tête à tête de sa divine épouse.

Dessiné par Dubus.   Gravé à l'eau-forte par Prevost.   Écrit par Oortman.

LES PÈLERINS D'ÉMAÜS.

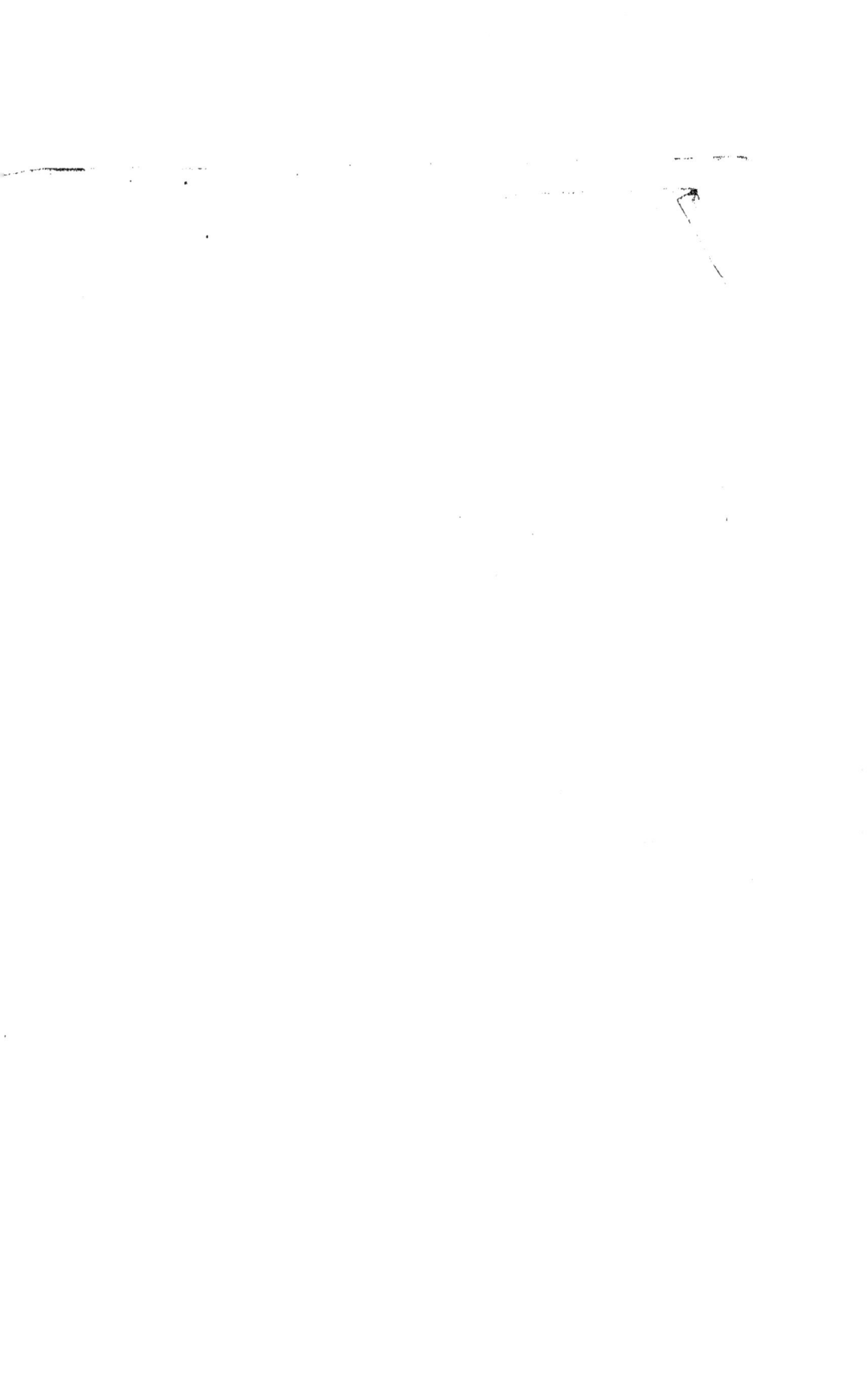

L'exécution de cette charmante composition est d'un précieux admirable. Les groupes des Muses sont délicieux ; que de grâces, que de souplesse, que d'agilité dans leurs mouvemens ! Que de légèreté dans ces draperies ! qu'elles sont ingénieusement ajustées pour ne rien dérober à la vue, de l'élégance et de la beauté des formes ! Manteigne ayant à représenter dans Pégase un animal totalement fabuleux, en a fait un être absolument idéal ; mais cet être tout singulier qu'il paraisse, ne blesse en rien la poésie, et plaît encore à l'imagination, tout chimérique qu'il soit.

Quoique Manteigne, en perfectionnant au plus haut degré le style du Squarcione, soit fidelle aux principes qu'il puisa dans son école, on ne retrouve nulle part dans ce bel ouvrage cette sécheresse ordinaire à ses premières productions ; et à l'exception de la figure de Vulcain qui, malgré la pureté du dessin, tient encore un peu de l'époque des *quatrocentisti*, pour m'exprimer comme les Italiens, on pourrait croire que cet ouvrage est postérieur à Raphaël ; et cependant à peine était-il né lorsqu'il fut exécuté, si l'on en juge par sa date.

On assure que Jules Romain appelé à Mantoue pour bâtir le palais du T, fit disparaître une partie des tableaux qui décoraient le palais de San Sebastiano. Ils se répandirent dans différens cabinets de l'Europe. C'est du château de Richelieu, bâti par le cardinal de ce nom, que celui-ci est passé au Musée. Il fut apporté avec trois autres tableaux, un du même auteur, un autre de Lorenzo Costa, et le troisième du Perrugin.

PLANCHE III.

REMBRANT.

LES PÉLERINS D'ÉMAUS; *peint sur bois ; hauteur soixante-neuf centimètres deux millimètres ou deux pieds un pouce ; largeur soixante-six centimètres six millimètres ou deux pieds.*

Il est peu de tableaux de cet admirable peintre que l'on ne puisse qualifier de chefs-d'œuvres ; ce titre est dû surtout à celui-ci. Ici la science du clair-obscur est portée au plus haut degré de perfection ; c'est un modèle en ce genre que l'on ne peut trop étudier, que l'on ne saurait trop méditer. Rien n'est arrêté dans ce tableau, et cependant l'harmonie y est parfaite, tout est à son ton et à sa place ; et cet accord sublime exerce une magie si puissante, que l'on ne peut passer devant ce bel ouvrage sans être retenu devant lui par un charme irrésistible.

Le faire de Rembrant se refuse à la description ; comment exprimer ce qui ne s'apprend pas, ce qui est un don particulier, un bienfait pour ainsi dire inouï, dont la nature n'a favorisé qu'un seul homme? Il n'y a point de principes posés pour l'harmonie, chacun la conçoit à sa manière ; celle de Rembrant peut avoir des contradicteurs, mais ses nombreux admirateurs sont de tous les pays, et la critique reste muette, quand elle se trouve en face de ses productions.

Ce tableau fut acheté par M. Dangevilliers, pour la collection royale.

PLANCHE IV.

REMBRANT.

UN PAYSAGE ; *peint sur toile ; hauteur un mètre huit centimètres ou trois pieds trois pouces ; largeur un mètre soixante-six centimètres cinq millimètres ou cinq pieds.*

DANS un site extrêmement agreste, pittoresquement coupé de rochers, et arrosé par une rivière dont le cours est tourmenté par des cataractes, Rembrant a représenté deux villageois qui causent ensemble au pied d'un arbre. Assez près d'eux, et sur la gauche du tableau, on aperçoit quelques chèvres. A droite, un pont de planches conduit à une chaumière qui couronne agréablement la cime d'un côteau, ombragé de grands arbres touffus. Le chemin se prolonge et va rejoindre un autre pont de bois que l'on découvre dans le fonds, et que va traverser un homme à cheval.

Ce paysage n'a pu être peint que d'après nature. Tout y est d'une vérité parfaite, et la couleur est admirable.

Ce tableau et son pendant, que nous publierons incessamment, sortent de la galerie de Cassel. Ils sont précieux pour le Musée, qui ne possédait aucun paysage de ce grand peintre. Il s'exerça rarement dans

REMBRANDT.

PAYSAGE.

REMBRANDT.

N°. 500.

Eco.le Flam.de

Dessiné par J. le Roy.

Gravé par Ouvrier.

S.T MATHIEU.

ce genre. Il y excellait cependant comme dans tous les autres, et ces deux paysages peuvent être cités parmi les plus beaux du Musée Napoléon.

PLANCHE V.

REMBRANT.

L'ÉVANGÉLISTE SAINT MATHIEU ; *peint sur toile ; hauteur quatre-vingt-dix-sept centimètres trois millimètres ou deux pieds onze pouces ; largeur soixante-dix-sept centimètres quatre millimètres ou deux pieds quatre pouces.*

REMBRANT a peint cet évangéliste sous les traits d'un vieillard vénérable. Il écrit son évangile, et semble chercher dans sa mémoire quelque fait qui lui est échappé. L'ange qu'on lui donne communément pour symbole vient à son secours, et lui dit à l'oreille le trait qu'il ne peut se rappeler. Quelques hommes, malicieux détracteurs de Rembrant, ont dit et même écrit que cet inimitable peintre avait voulu représenter le Génie de Socrate inspirant à ce philosophe ses immortels écrits. Rembrant ne brillait pas par la grâce attique, mais par la justesse de l'expression et l'inconcevable prestige de son pinceau. Cette simple réflexion suffit pour démontrer le ridicule d'une semblable supposition, et dans quel esprit on l'a mise en avant.

PLANCHE VI.

ATYS. — STATUE.

ATYS, Attin, Attis ou Atthys (selon les diverses versions indiquées par Noël), était un jeune Phrygien, dont la beauté charma Cybèle. Ovide veut que cette Déesse lui confia le soin de son culte, à condition qu'il ne violerait pas le vœu de chasteté qu'elle lui ordonna de faire. Atys amoureux de Sangaride, viola son serment en épousant cette Nymphe. Cybèle, pour se venger du parjure, fit périr sa rivale. D'autres poètes prétendent qu'elle livra Atys à un accès de frénésie ; que cet infortuné se mutila, et qu'il était prêt à se donner la mort, lorsque Cybèle le changea en Pin, arbre qui lui était consacré.

Servius dit qu'Atys était un prêtre de Cybèle, qui s'attira le courroux du roi, et blessé par ce prince, eût expiré aux pieds d'un Pin, si les prêtres ses confrères ne l'eussent rapporté dans le temple, où ils tentèrent vainement de le rendre à la vie. Cybèle désolée, institua en son honneur un deuil annuel, et, en expiation de sa mort, soumit ses prêtres à un sacrifice barbare.

Selon la mythologie phrygienne, Cybèle devint enceinte d'Atys. Méon son père, roi de Phrygie, le fit tuer, et livra son corps aux bêtes féroces. Cybèle devint folle, et envoya la peste et la famine ravager la Phrygie.

L'élégiaque Hermesianax dit qu'Atys passa en Lydie, qu'il y porta les orgies de Diodynême ou Cybèle, et fut si révéré des Lydiens, qu'il inspira de la jalousie à Jupiter, qui, dans sa fureur, envoya des ours dévorer les Lydiens, et entr'autres Atys. *Vid. Dictionnaire de la Fable*, tome I.ᵉʳ, pages 131 et 132.

La statue que nous publions est coiffée du bonnet phrygien, et porte le *pedum* ou bâton pastoral. Ces attributs, suivant le savant Visconti, peuvent également convenir à Ganymède et à Pâris; mais il remarque judicieusement que Ganymède représenté de la sorte, l'aurait été dans un âge plus tendre, et Pâris dans un âge plus avancé. Ces considérations l'ont déterminé à donner cette statue à Atys, et cette opinion est encore appuyée sur la tristesse et la langueur empreintes sur la physionomie de ce beau jeune homme, victime déplorable de la jalousie de Cybèle.

Cette statue est due aux conquêtes de 1806.

Peint. par J. Drouais.   Grav. à l'eau-forte par Reveil.   Ter. par Piquet.

LA CHANANÉENNE.

EXAMEN

DES PLANCHES.

PLANCHE PREMIÈRE.

DROUAIS (JEAN-GERMAIN), né à Paris le 25 novembre 1763 ; mort à Rome le 13 février 1788.

LA CANANÉENNE ; *peint sur toile ; hauteur un mètre seize centimètres ou trois pieds six pouces ; largeur un mètre quarante-neuf centimètres trois millimètres ou quatre pieds six pouces.*

CE tableau concourut, en 1785, pour le grand prix, et l'obtint. Le programme donné était : La Cananéenne aux pieds du Christ, implorant la guérison de sa fille, tourmentée par le démon.

L'Ecriture Sainte dit que Jésus - Christ refusa long - tems de se rendre aux prières de cette mère infortunée, et qu'enfin il ne céda qu'aux instances de ses Apôtres, et qu'à la foi vive dont cette femme se montra pénétrée. Le jeune artiste choisit donc, conformément à l'esprit du programme, le moment qui lui parut le plus favorable à la variété des expressions, par l'opposition des sentimens dont les divers personnages devaient être animés. Il a représenté la Cananéenne inondée de larmes, dans la posture la plus suppliante, agenouillée aux pieds du Sauveur du monde. Les Apôtres entourent leur divin maître. Ils intercèdent pour cette malheureuse mère. Leurs gestes, leurs regards, leurs figures sont pleins d'éloquence ; mais ils n'ont point encore vaincu la résistance du Christ. Calme, les yeux baissés, la sévérité sur le front, il semble sourd aux supplications de ses amis, et le bras droit étendu vers la Cananéenne, paraît repousser sa prière. On frémit pour elle ; la pose du Christ annonce qu'il va s'éloigner pour se dérober à une sollicitation importune, et l'on croit entendre sortir de sa bouche cette sentence terrible : « Il n'est pas » juste de prendre le pain des enfans pour le jeter aux chiens. » Voulant faire entendre par cette parabole, qu'envoyé sur la terre pour répandre ses bienfaits sur les enfans d'Abraham, il ne doit point accorder ses grâces à des hommes livrés à l'idolâtrie. On juge de l'effet de ces paroles foudroyantes, par l'indignation et le ressentiment que l'on remarque sur la figure de ces Cananéens que l'on aperçoit dans le fond, et spectateurs de cette scène. L'horreur que leur fait ressentir le refus éprouvé par leur compatriote, prouve assez combien ils sont éloignés de comprendre le sens des paroles du Christ.

Cette action est rendue avec autant de grâce dans l'expression, que de discernement dans la composition. Il y règne une vérité de sentiment et une simplicité si noble et si conforme à la nature, que cette scène en reçoit un degré d'intérêt peu commun. Chaque acteur y remplit le rôle qui lui est propre. Rien d'exagéré, rien d'outré dans tous ces personnages, et si la critique, toujours exigeante, mais toujours digne d'être écoutée quand elle est éclairée, n'avait pas à reprocher peut-être un peu d'afféterie dans la Cananéenne, et un peu trop de jeunesse relativement à la vérité historique, ce tableau pourrait être cité dans l'histoire des arts comme une production parfaite.

Mais comment oser s'arrêter sur ce léger reproche, quand on se rappelle l'âge qu'avait le peintre à qui nous le devons lorsqu'il l'exécuta ? quand on songe que dans la circonstance où il l'entreprit, l'élève est pour ainsi dire retranché du monde, que la loi du concours lui interdit les conseils de son maître, les avis de ses amis, la ressource même de la censure des rivaux, dont l'amertume envieuse avertit quelquefois de défauts que l'on n'a point aperçus, et dissipant les illusions de l'amour-propre, apprend à se juger soi-même avec sévérité ; quand on réfléchit enfin que l'artiste alors abandonné à lui-même, ne pouvant prendre conseil que de sa seule intelligence, se trouve froissé entre le tems qui le poursuit, le désir violent du triomphe, les alarmes que lui inspirent ses concurrens, et la terreur toujours croissante de se voir arracher la palme. La modestie de Drouais est un sûr garant qu'il fut en butte à toutes ces anxiétés ; mais il n'appartenait qu'à lui de douter de son succès. Un grand prix emporté avec autant d'éclat et de justice, atteste ce qu'un semblable élève fût devenu si il lui eût été donné de vivre.

On nous pardonnera sans doute de nous arrêter un moment sur cet intéressant artiste sitôt moissonné, et sur lequel nous n'aurons plus occasion de revenir. Il était d'une famille de peintres. Son grand-père Hubert Drouais, peintre de portrait, avait étudié sous Detroy père. Il donna le jour à Henri Drouais, qui obtint plus de célébrité que lui dans l'art de peindre le portrait. Ce fut à celui-ci que le jeune homme si digne de nos regrets, dut la naissance. Son père s'aperçut dès son enfance de ses étonnantes dispositions. Il le plaça de bonne heure dans l'école de Brenet, peintre d'histoire, dont le talent d'exécution n'égalait pas celui qu'il possédait pour enseigner. Les progrès de Drouais étonnèrent par leur rapidité, et un amour invincible pour l'étude seconda son intelligence précoce. Dès 1783, il se présenta au concours pour le grand prix. Il fut admis. Dès-lors, il renonce à tout, même au sommeil. Il s'enferme ; l'étude seule est son aliment, sa compagne unique, son seul délassement. Il multiplie sa force ; il redouble d'efforts · il termine son tableau. Mais il entend parler du travail de ses concurrens. Il parvient, dit-on, à le voir ; alors il juge le sien. Un excès de modestie l'aveugle. Il le croit indigne de la palme. Le désespoir l'emporte sur la raison. Il rentre dans son atelier et lacère l'ouvrage dont l'exécution lui avait coûté tant de peines, tant de veilles, tant d'angoisses peut-être, et qui peut-être aussi l'avait enivré de tant d'espérance. Le sacrifice est fait, et cependant peu sûr de n'avoir pas été injuste envers lui-même, il en porte un fragment au célèbre David. Ce grand peintre saisissant d'un coup-d'œil le mérite que devait avoir l'ouvrage, s'écria : « Qu'avez-vous fait, malheureux ? vous » cédez le prix à un autre. — Vous êtes content, répond Drouais ; » votre suffrage me suffit : il me dédommage du prix. L'année pro- » chaine je le mériterai mieux. »

Il tint parole, et ce fut alors qu'il produisit le tableau que nous

venons de décrire. Il fut couronné , et sa victoire fut chère à tout
Paris. Ses camarades la rendirent publique, et le portèrent en triomphe
chez lui, où sa mère, évanouie de joie, ne reprit ses sens que pour
lui prodiguer ces caresses maternelles, si douces quand on les mérite
par l'union de la gloire et des vertus.

Il part. Il est à Rome. La vue de tant de chefs-d'œuvres redouble
la fièvre de son génie. Un Marius à Minturnes ; un Philoctète, voilà
ses derniers adieux aux arts. Le travail allume son sang. L'heure
fatale arrive. Il meurt sur cette même terre où mourut Raphaël.
Ses amis, ses rivaux, lui érigèrent un monument dans l'église de
Sainte Marie *in Via Lata*. Cet hommage adoucit leurs regrets. Mais
sa mère! qui la consola de la perte d'un tel fils !

Drouais aurait aujourd'hui quarante - sept ans. Il serait dans la
force de l'âge Quel rang ne tiendrait-il pas dans la première école
du monde , s'il n'eût pas failli aux espérances qu'il donnait? et quel
vaste champ pour un si beau talent, dans un siècle dont l'enfance
est déjà marquée par tant de gloire !

PLANCHE II.

BOURDON (Sébastien).

LE REPOS DE LA SAINTE FAMILLE ; *peint sur toile* ; *hauteur
un mètre huit centimètres ou trois pieds trois pouces* ; *largeur un mètre
quarante-six centimètres huit millimètres ou quatre pieds cinq pouces.*

Dans un immense paysage , orné de riches et superbes fabriques
et arrosé par un fleuve sur lequel naviguent quelques barques, la Sainte
Famille s'est reposée quelques instans à l'ombre d'un arbre touffu.
La Vierge est assise sur les ruines d'un ancien aqueduc. Son fils
est à ses côtés, et Sainte Anne agenouillée devant Marie , regarde
avec une sainte tendresse ce divin enfant. Deux anges derrière elle
paraissent en contemplation : près d'eux est Saint Joseph debout,
appuyé sur son bâton. Un peu plus loin et sur la droite , deux jeunes
filles lavent des linges, et sont néanmoins attentives à la scène principale. Plusieurs chérubins complètent cette composition, et l'un d'eux
pose une couronne de fleurs sur la tête de la Vierge.

Nº 6a.   S. BOURDON.   Vol I pag.

Dess. par Duvet.   Gravé à l'eau-forte par Charvignier.   Terré par Reveil.

LE REPOS DE LA Sᵗᵉ FAMILLE.

GÉRARD DOW.

Des. par Fribourg. Grav. à l'eau-forte par Chataigner. Ter.^é par Massard f.^{ls}

LE TROMPETTE.

Le ton général de ce tableau tire sur le rouge ; cela nuit à l'harmonie. Le dessin est peu correct, et pêche surtout par la faiblesse. Mais la composition a de la grandeur et de la noblesse ; toutes les lignes sont heureuses. Le site est bien choisi, bien entendu, et remarquable par sa magnificence.

PLANCHE III.

DOW (Gérard).

LE TROMPETTE ; *peint sur bois ; hauteur trente-sept centimètres ou quatorze pouces ; largeur trente-trois centimètres ou un pied.*

Un jeune cavalier, richement vêtu, coiffé d'un chapeau orné de plumes, et placé devant une fenêtre, sonne de la trompette. Cette fenêtre, ou plutôt cette espèce d'arcade, est à ce qu'il paraît communément fermée par un vaste rideau de cuir, imprimé en brocard, que le peintre a retroussé et drappé avec beaucoup d'élégance, pour laisser apercevoir la scène qui se passe dans l'intérieur de l'appartement. Ces sortes de tapisseries de cuir doré étaient encore à la mode au commencement du dix-huitième siècle. Un riche tapis est jeté au hasard sur le bord de la fenêtre, dont l'appui porte une magnifique aiguière dans son bassin. Au-dessous règne un bas-relief représentant une Bacchanale d'enfans jouant avec des chèvres. Dans le fond de l'appartement, on aperçoit des cavaliers et des femmes à table. On croit que l'auteur a voulu représenter un des festins de l'Enfant prodigue.

Ce tableau est classé parmi les plus beaux ouvrages de ce peintre célèbre. Il n'en est aucun que l'on puisse lui comparer pour le fini. La figure du trompette est charmante. La tête surtout est un chef-d'œuvre de vérité, et d'une nature admirable.

Cette précieuse production sort de l'ancienne collection des rois de France.

PLANCHE IV.

POTTER (Paul).

L'HOTELLERIE ; *peint sur toile ; hauteur quarante-quatre centimètres ou un pied quatre pouces ; largeur trente-huit centimètres ou quatorze pouces.*

Un seigneur hollandais, au retour de la chasse, se repose à la porte d'un cabaret de village. Son cheval est attaché un peu plus loin. Son premier soin a été d'allumer sa pipe. Il s'est assis sur une chaise de bois, et il a le coude appuyé sur une méchante table qui sert communément aux voyageurs ou aux villageois, quand ils viennent boire. Cependant, l'hôte et l'hôtesse sont sortis de leur maison. Le mari tient un pot de bierre, et la femme un verre. Celle-ci est jolie et encore assez jeune. L'air mécontent et bourru de l'époux, et le ton familier que l'hôtesse prend avec le chasseur, prouvent assez que ce n'est pas la première fois qu'il fréquente ces lieux. En effet, elle lui a mis sans façon la main sur l'épaule, et l'invite, selon toute apparence, à se rafraîchir, ou bien peut-être vient-elle de boire elle-même à sa santé ; car s'il est assez facile de deviner l'intention du peintre dans l'air égrillard avec lequel le chasseur la regarde, il n'est pas également facile d'expliquer celle qu'il a prêtée à cette femme. Quatre chiens du chasseur sont à ses pieds et se reposent sur l'herbe ; deux autres encore accouplés, et que l'on aperçoit sur un plan plus reculé, viennent le rejoindre. Plus loin passe un tombereau dans lequel un paysan est assis, et que traîne un cheval de ferme.

Malheureusement ce joli tableau a beaucoup souffert, surtout dans les fonds. Les premiers plans sont mieux conservés ; ils sont d'une grande beauté. Les chiens sont d'une vérité admirable. Sans cette déplorable détérioration, ce tableau serait précieux pour le Musée, en ce qu'il sort un peu du genre connu de ce grand peintre.

On le doit aux conquêtes de 1806.

Des.é par.e Marchais.   Grã.é à l'Eau-forte par Chataigner.   Ter.é par C. Niquet.

L'HOTELLERIE.

Pl. 40.

D.né par J. Schroëdt.   Gravé à l'eau-forte par O. Roville.   Ter.né par C. Piquet.

UNE PORTE DE VILLE.

PLANCHE V.

BERKHEYDEN (Guerard).

UNE PORTE DE VILLE; *peint sur bois; hauteur trente-trois centimètres ou un pied; largeur quarante centimètres ou un pied deux pouces sept lignes.*

HÉLAS! tout passe. Des rues larges et spacieuses aboutissaient sans doute à cette porte majestueuse. De formidables ramparts se liaient à son architecture. La voûte de cette arcade a peut-être retenti jadis des chants de triomphe. Aujourd'hui, des cabanes remplacent les palais, de simples paysans foulent le sol que sillonna tant de fois les chars de l'opulence; et de timides troupeaux paissent l'herbe que l'absence du luxe, de l'industrie et du commerce, laisse croître à l'entour des pavés. En regardant ce tableau, on ne peut échapper à un sentiment mélancolique; l'orgueil se tait, et l'on écoute en silence la leçon que le peintre donne à l'homme.

Berkheyden a représenté un pâtre ramenant son troupeau, et le faisant passer sous une porte de ville, que sa solidité a sauvée des ravages du tems. A droite du tableau, une femme, à la porte d'une chaumière adossée aux ruines des remparts, montre à un villageois diverses graines renfermées dans des sacs, et traite de leur achat avec lui. Sur le devant, une femme enceinte portant une corbeille sur sa tête, et conduisant une petite fille, cause avec un homme assis sur les premières marches d'un ancien péron ou escalier, au haut duquel on aperçoit un villageois qui achève de le monter.

Ce tableau est d'un effet très-piquant. L'extrême vérité que l'on y remarque, prouve évidemment que ce paysage a été pris d'après nature, et que ces diverses fabriques existent réellement.

On le doit aux conquêtes de 1806.

PLANCHE VI.

MÉLÉAGRE. — statue.

OVIDE nous apprend que Méléagre, après avoir triomphé du sanglier de Calydon, fit présent de la peau et de la hure à Atalante. Les frères d'Althée, mère de Méléagre, furent jaloux de cette préférence, et arrachèrent à cette princesse le don qu'on venait de lui faire. On sait que les Parques, présentes à la naissance de Méléagre, avaient mis dans le feu un tison auquel elles avaient attaché les destinées de ce prince, et avaient prédit qu'il vivrait aussi long-tems que ce tison durerait. Sa mère s'empressa de le retirer de l'âtre, et le cacha soigneusement pour prolonger autant qu'il lui serait possible la vie de son fils. Cependant, après la victoire de Méléagre, partageant la jalousie de ses frères, et aveuglée par une injuste fureur, elle prit le fatal tison et le jeta dans le feu. Méléagre aussitôt se sent consumer par une flamme invisible, tombe et meurt.

Ce sanglier terrible, dont la défaite avait illustré Méléagre, avait été suscité par Diane contre les peuples de Calydon, parce qu'Oénée leur roi, et père de Méléagre, l'avait oubliée dans les sacrifices qu'il avait offert aux Dieux pour leur rendre grâces de la fertilité de l'année.

Le statuaire a représenté Méléagre nud, une simple chlamyde attachée sur ses épaules, lui enveloppe le bras gauche. La hure du sanglier est près de lui, et son chien est à ses côtés.

Ce bel ouvrage est d'un marbre grec de couleur cendrée. Il a été découvert ou sur le mont Esquilin, près de la basilique de *Caius* et *Lucius*, selon Flaminio Vacca, ou dans une vigne voisine du Tibre, et proche de la porte *Portese*, selon l'Aldroandi. Le savant Visconti penche pour cette dernière opinion. Il appartint à Fusconi, médecin de Paul III. Clément XIV le fit transporter du palais Pighini au Musée du Vatican.

C'est un des plus beaux vestiges de l'antiquité qui soit parvenu jusqu'à nous. Sa conservation est parfaite. Il ne manque que la main gauche.

Deßiné par Vauthier.   Gravé par Laugin.

MÉLÉAGRE.

SCHIDONE.

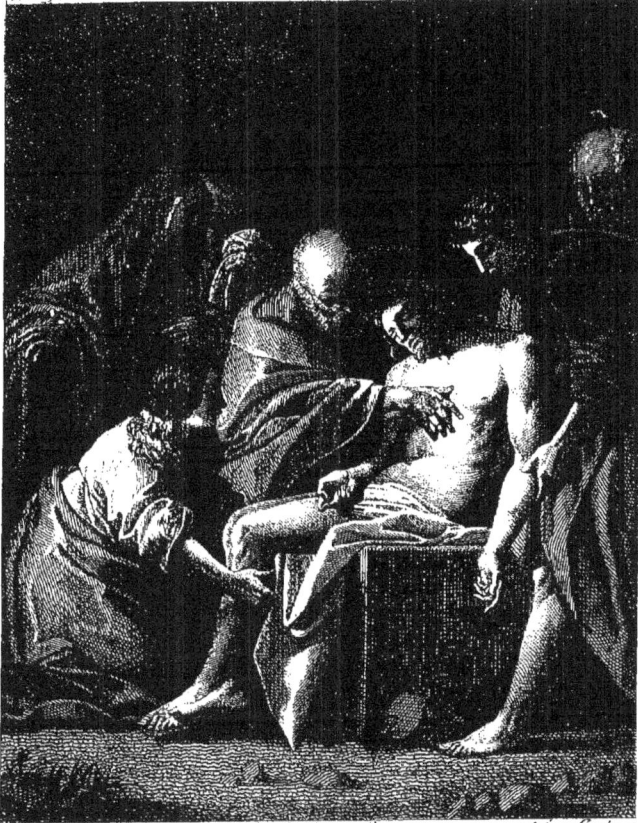

Des.^é par Duvivier.   Grav.^é à l'eau-forte par Réveil.   Ter.^é par Langlois.^{j.}

LE CHRIST AU TOMBEAU.

EXAMEN
DES PLANCHES.

PLANCHE PREMIÈRE.

SCHEDONE (Bartolomeo).

LE CHRIST AU TOMBEAU ; *peint sur toile ; hauteur deux mètres cinquante centimètres ou sept pieds dix pouces ; largeur un mètre quarante-cinq centimètres trois millimètres ou cinq pieds sept pouces.*

A l'entrée d'une grotte obscure et profonde , destinée à servir de sépulcre au Sauveur du monde, ses amis et ses parens ont apporté sa dépouille mortelle. Ils ont assis le corps sur le bord du tombeau qui doit le renfermer. Joseph d'Arimathie et Saint Jean le soutiennent par le haut du corps , afin de pouvoir le tourner plus facilement pour le coucher dans le tombeau. La Madeleine, éplorée et à genoux, à saisi les deux jambes pour aider ses amis à rendre les derniers devoirs à son maître chéri. La Vierge, une autre femme et Nicodème, plongés dans la douleur, sont spectateurs de cette scène, mais il n'y prennent part que par leur affliction.

Ce rare et superbe tableau sort de l'académie de Parme, où on le conservait précieusement avec le Saint Jérôme du Corrège. Il vient à l'appui d'une opinion que nous avons déjà énoncée plus d'une fois;

c'est que la pureté du dessin et la noblesse de l'expression ne sont pas toujours les parties les plus essentielles dans la peinture. On peut sans doute reprocher à ce bel ouvrage de la sécheresse dans les contours, peu d'idéal dans les têtes ; et cependant ce tableau passe et passera toujours aux yeux des véritables connaisseurs pour l'un des plus estimables ouvrages que l'on voit exposés au Musée. La disposition en est belle et savante, l'expression juste, la couleur pleine de vérité et de force : si l'on ajoute à ces qualités si précieuses l'extrême rareté des tableaux de ce maître, le plus célèbre entre les élèves du Corrège, l'on concevra facilement la haute estime dont il jouissait en Italie. Elle ne s'est pas démentie depuis qu'il est entré dans le Musée Napoléon, épreuve redoutable que toutes les réputations ultramontaines n'ont pas toujours soutenu avec le même succès.

C'est sur l'autorité de Malvasia, que le Dictionnaire de Peinture de M. Watelet compte le Schedone parmi les élèves des Carraches. Si cette version a quelque vérité, il faut croire que ses premiers ouvrages n'existent plus, car dans les ouvrages, quelques grands qu'ils soient, qu'on lui attribue, il est rare et même difficile de reconnaître quelque trace du style de ces maîtres. Il s'attacha beaucoup plus à imiter celui de Raphaël, et surtout celui du Corrège. On reconnaît parfaitement un mélange de ces deux stiles dans les fresques qu'il exécuta au palais public de Modène, sa patrie, où il représenta entr'autres sujets l'histoire de Coriolan, et une allégorie de l'Harmonie. Il approcha surtout du Corrège dans sa figure de Saint Geminiano, ressuscitant un enfant. Le Marini parle avec éloge de cette ressemblance de style avec celui de ce grand maître, que l'on remarqua toujours depuis dans tous les autres ouvrages du Schedone. Le Scanelli qui écrivait plus de quarante ans après la mort de ce peintre, lui accorde le même mérite, mais il pense cependant qu'il l'eût possédé à un plus haut degré, s'il eût eu plus de pratique et des principes plus sûrs.

Ses grands tableaux, comme nous le disions tout à l'heure, sont de la dernière rareté. On ne connaît guère, après celui que nous venons de décrire, que ses deux Nativités de la Vierge et de son fils que l'on voit à Loretto, et qui sont placés à côté d'un tableau d'autel de Filippo Bellini. On trouve un peu plus souvent de ses Saintes Familles et de ses tableaux de dévotion. Ils sont très-précieux pour les galeries qui en possèdent. Le Thiraboschi en cite un qui fut

CLIO, EUTERPE ET THALIE.

FEMME ARRETÉE PAR DES VOLEURS.

vendu quatre mille écus. La cour de Naples est la plus riche en
tableaux de ce peintre. Ceux qu'il avait exécutés pour le duc Ran-
nuccio, son protecteur, y passèrent avec tout ce qui composait la
galerie Farnèse. Cet artiste mourut jeune, travailla peu, voilà les
causes de la rareté de ses ouvrages. Il était dominé par la passion
du jeu. Une perte considérable qu'il y fit, lui causa tant de chagrin,
qu'elle le plongea dans le tombeau vers 1615.

PLANCHE II.

LE SUEUR (EUSTACHE).

CLIO. — EUTERPE. — THALIE ; *peint sur bois ; hauteur un mètre
trente-trois centimètres trois millimètres ou quatre pieds ; largeur un
mètre trente-trois centimètres trois millimètres ou quatre pieds.*

NOUS avons déjà publié trois tableaux de cette belle suite que
Le Sueur peignit pour le président Lambert, et qu'il consacra à représenter les Muses. Celui-ci en est le quatrième et l'avant dernier. Il
renferme trois Muses, et les attributs qu'il leur a prêtés ne permettent pas de se méprendre sur leur nom. Il a donné la trompette à
Clio, la flûte à Euterpe et le masque à Thalie. Ces trois figures sont
groupées et drapées avec une grâce peu commune. L'attitude de
Thalie est charmante. Au reste, notre opinion sur les trois tableaux
précédens convient également à celui-ci ; et nous ne répéterons ici
ni les éloges que nous leur avons donnés, ni les observations qu'ils
nous ont inspirés.

PLANCHE III.

DUC (JEAN LE).

FEMME ARRÊTÉE PAR DES VOLEURS ; *peint sur bois ; hauteur
trente-sept centimètres trois millim. ou un pied un pouce quatre lignes ;
largeur quarante-neuf centim. trois millim. ou un pied six pouces.*

IL me paraît évident que c'est par erreur, ou par faute d'examen,
que l'on prétend que c'est une scène de voleurs que le peintre

a voulu représenter. Ces hommes n'ont dans leur habillement, dans leur maintien, sur leur figure, rien qui puisse annoncer qu'ils appartiennent à une troupe de brigands. Ils portent l'habit que les militaires portaient encore en France sous le cardinal Mazarin. Les hallebardes que l'on voit posées contre le mur et près desquelles se promène une sentinelle, ne sont point des armes familières aux voleurs de grand chemin, et l'on ne supposera jamais que la marche silencieuse qu'exige cet infâme métier pût leur permettre de traîner avec eux un tambour.

L'auteur de ce tableau fut militaire à ce que l'on assure. Il est donc plus naturel de penser que c'est ici une scène de partisans ou d'avantgarde. C'est une patrouille qui, pendant la nuit, a pénétré dans un hameau. Cette femme que l'on voit à genoux devant cet officier, a été saisie par l'homme qui est derrière elle. Elle a l'air effrayé sans doute, mais elle a moins l'air de supplier l'officier que de répondre à quelques questions qu'il lui fait peut-être sur le voisinage de l'ennemi, ou sur sa position. Peut-être aussi est-ce une de ces scènes si communes dans les tems malheureux du fanatisme ; peut-être ces soldats ne sont-ils que les instrumens passifs d'une persécution religieuse, et cette femme n'est-elle arrêtée que pour savoir où son époux, son père, ses fils, se sont retirés. La figure du conducteur de la femme, celle de l'officier qui l'interroge, celle des deux soldats qui écoutent, sont froides ; leur maintien n'annonce rien de menaçant, ni de féroce ; ce ne sont point là des voleurs. L'action de l'homme qui dans le fond fouille dans un coffre, ne prouve rien pour l'opinion que je révoque en doute. S'il volait les effets qui sont dans ce coffre, ses camarades qui près de lui se chauffent et allument leur pipe, ne le laisseraient pas s'emparer seul et tranquillement des objets qu'il voudroit s'approprier. Il me semble qu'en intitulant ce tableau Scène de brigands, ce serait faire la critique de l'auteur. Il aurait peu d'invention et peu d'expression.

Quoiqu'il en soit, cette composition n'est pas sans mérite. Ces différens groupes sont bien disposés, et la pose de chaque personnage est dans la nature. Les divers caractères ne manquent pas de noblesse, et ce tableau est en général d'un très-bon ton de couleur.

Pl. 680.   GLAUBER.   Livre Plan 6

Des. par Lhuissier.   Gravé à l'Eau forte par De Saulx.   Tér. par E. Bovinet.

UNE PASTORALE.

PLANCHE IV.

GLAUBER (JEAN).

UNE PASTORALE ; *peint sur toile ; hauteur trente-cinq centimètres huit millimètres ou un pied un pouce ; largeur quarante-un centimètres trois millimètres ou un pied trois pouces.*

LE site de ce paysage prouve que cet habile peintre ne l'exécuta qu'après avoir séjourné en Italie , qu'il visita après avoir quitté l'école de Berghem , son maître. Les études de la plupart de ses compositions ont été faites ou dans les environs de Rome , ou au pied des Alpes ; et ce monument antique, le genre de ces fabriques , la nature de ces arbres et leur belle végétation , ces hautes montagnes que l'on voit à l'horizon ne démentent point ici ce que l'histoire nous apprend à cet égard. Les figures que l'on doit à Gérard Lairesse , ne sortent point du caractère de ce paysage. Un pâtre de l'antiquité joue de la flûte près d'une femme assise, qui l'écoute avec intérêt. Leurs moutons sur le devant et non loin d'eux , reposent en paix sur un gazon émaillé de fleurs.

Ce paysage est charmant. Les divers accidens de la nature y sont admirablement rendus. Que cette culture est riche ! que ces plantes sont vivaces ! que la fraîcheur qui règne sous l'ombrage de ces arbres contraste bien avec le ton chaleureux des ciels ! quelle légèreté ! quelle finesse dans ce feuillé ! quelle aimable harmonie dans la disposition générale ! Glauber est à coup sûr l'un des peintres qui fait le plus d'honneur à l'Ecole Hollandaise. Quoique né à Utrecht, son nom prouve qu'il était d'origine allemande.

C'est aux conquêtes de 1806 que l'on doit ce charmant tableau.

PLANCHE V.

HEYDEN (JEAN VAN DER).

VUE D'UN VILLAGE ; *peint sur bois ; hauteur quarante-quatre cent.*
ou un pied quatre pouces ; largeur cinquante-deux centimètres ou un
pied sept pouces.

TROIS peintres justement célèbres ont concourru à l'exécution de
ce charmant tableau : Van der Heyden, Adrien et Guillaume Van
den Velt. Ces trois hommes étaient amis. Dès qu'ils se réunirent
pour composer un tableau, il est facile de deviner pourquoi celui-ci
tient un rang distingué dans les arts. Il n'existait point de rivalité
entre ces artistes ; mais ce n'en était pas moins une sorte de lutte
qui s'établissait entr'eux. Chacun ne voulait point rester au-dessous
de la réputation qu'il s'était acquise ; chacun déploya donc toutes les
ressources de son talent dans l'exécution de la partie dont il s'était
chargé ; et de ce concours d'efforts fondé sur la plus noble des ému-
lations, c'est-à-dire sur celle qui est dégagée de toute espèce d'envie
et de jalousie, il dut sortir un diamant.

Le village et les terrasses sont du pinceau de Van der Heyden.
Les figures sont d'Adrien Van den Velt ; et tout ce qui constitue la
marine appartient à Guillaume. Maintenant, donnons une idée un peu
plus détaillée de ce beau paysage. Il est assez probable qu'il fut peint
d'après nature.

Sur la rive d'un fleuve majestueux et paisible s'élève l'un de ces
villages opulens et vastes que la réunion de l'agriculture, du commerce et l'amour du travail a multipliés en Hollande et dans la Belgique.
Au sein d'un assez grand nombre de petites habitations, dont la
modestie néanmoins ne semble point laisser accès à la pauvreté,
s'élève deux grands édifices d'une architecture non pas gothique,
mais ancienne. Le plus éloigné des deux est l'église du village. L'autre,
plus rapproché, dont le clocher est surmonté d'une girouette, est le
château du seigneur, ou peut-être aussi ce sont les bâtimens de
quelque riche abbaye ; car la longue et étroite fenêtre qui appartient
à cette partie de bâtiment que les limites du tableau ne permettent pas

VUE D'UN VILLAGE.

Pl. 522

MARCUS BRUTUS.   JUNIUS BRUTUS.

d'apercevoir dans son entier , indique qu'il s'agit d'une église ou d'une grande chapelle. De solides contreforts soutiennent les murailles de clôture, et les défendent contre les débordemens du fleuve. Les baraques en planches appuyées contre les murs de la chapelle , sont les vestiges de la dernière kermesse , et seront démontées avant l'hiver. Sur le devant , une rampe en pierres de taille descend à la rivière pour faciliter les embarcations. Dans le milieu du fleuve , deux barques de pêcheurs viennent d'arriver et sont mouillées. Deux chalouppes chargées de marchandises le traversent , et une troisième , dans laquelle est un homme qui pêche à la ligne, est attachée au rivage. Dans le fond et au-delà de l'église, les maisons se prolongent. Au-dessus de leurs toits, l'on aperçoit les mâtures de quelques bâtimens qui sont mouillés dans le port. L'un d'eux, dont la voile est déferlée, se dispose à partir. Enfin, à l'horison, on découvre les premières maisons d'un autre village situé sur la rive opposée.

Tel est ce paysage que quelques figures touchées avec beaucoup d'esprit, et en général richement vêtues, peuplent et animent. La beauté des ciels, l'harmonie enchanteresse de toutes les parties, la perspective admirable, la circulation de l'air, la vérité et la chaleur du coloris , tout est d'accord pour conserver à ce tableau précieux la renommée dont il jouit.

PLANCHE VI.

LUCIUS JUNIUS BRUTUS. — MARCUS JUNIUS BRUTUS.

BUSTES.

LES médailles que l'on a frappées en l'honneur de ces deux hommes, ont conduit à reconnaître leur portrait dans ces deux bustes , dont l'un est en bronze , celui du vieux Brutus. Les évènemens si fameux dans l'histoire où ces deux romains ont figuré, ajoutent à l'intérêt que l'art et l'antiquité impriment au travail du statuaire. On se plaît à chercher dans les traits de ces personnages, quelqu'indice de l'esprit qui les animait. Leurs projets furent assez connus, c'est donc leur caractère que l'on aimerait à deviner. Soit que l'on ne puisse échapper à la prévention que l'austère et barbare rigueur de Junius Brutus inspire , soit que l'observation soit fondée, on est enclin à trouver une sorte de férocité sauvage dans cette figure. Ces lèvres minces ; cette bouche dont les coins s'abaissent ; ces yeux rapprochés , annoncent plus de dissimulation que de véritable politique. Les tempes sont un peu renfoncées ; le front est peu saillant ; la capacité du crâne a peu d'étendue ; c'est plutôt, ce me semble, la conformation de la tête d'un homme plus opiniâtre dans ses opinions , que ferme dans ses projets. Je trouve enfin que dans l'ensemble de ces traits, il y a moins de génie que d'ambition ; c'est-à-dire de cette ambition qu'aucun obstacle n'arrête, qu'aucun acte n'intimide. Si ces traits sont fidelles , ce personnage inspire plus de crainte que de confiance.

Dans celle du jeune Brutus , il y a plus de douceur ; ces lèvres épaisses ; ce nez dont les narines sont larges et ouvertes ; cette tête carrée, annoncent de la propension à la crédulité. Un homme adroit aura peu de peine à s'emparer de l'esprit de ce personnage. Par la persuasion , il en fera un fanatique , un Seïde. Ces traits qui n'ont rien de repoussant, ont cependant une sorte d'immobilité qui fatigue. Si telle elle était dans l'original, il ne la tenait pas de la nature. C'est à l'austérité de la secte stoïque qu'il la devait. C'est une gravité de convention. Si le poids du plus grand de tous les crimes, n'était pas par lui-même un droit incontestable à l'infortune, on pourrait dire que rien dans cette tête n'annonce un avenir heureux. La défaite future de Philippes est écrite sur ce front.

Ce buste est de marbre pentélique. Il sort du Musée du Capitole, à Rome.

Celui de Brutus l'ancien, sort du même palais où on le vit long-tems dans le quartier des conservateurs. Le travail de la tête est fort-beau. Les yeux sont incrustés selon l'usage que pratiquèrent long-tems les anciens pour les ouvrages en bronze. Le buste et la draperie sont également antiques ; mais on ne les croit ni du même tems, ni de la même main.

S. BOURDON.

Dess.º par Dumet.   Grav.º à l'eau-forte par Chataignier.   Tir.º par Villeroy.

JESUS APELLANT A LUI LES ENFANTS.

EXAMEN

DES PLANCHES.

PLANCHE PREMIÈRE.

BOURDON (Sébastien).

LE CHRIST APPELANT A LUI LES ENFANS ; *peint sur toile ; hauteur cinquante-deux centimètres ou un pied sept pouces ; largeur soixante-six centimètres six millimètres ou deux pieds.*

On lit dans l'Evangile selon Saint Marc, que l'on s'empressait de présenter à Jésus des enfans afin qu'il les touchât. Ses disciples, soit qu'ils trouvassent cette familiarité déplacée, soit que l'approche de ces enfans les gênât eux-mêmes, parce qu'ils interrompaient leurs entretiens avec leur maître; ses disciples, dis-je, les repoussaient. Jésus profita de cette circonstance pour leur donner, ainsi qu'à tous les hommes, la plus sage de toutes les leçons, et pour leur enseigner de quel esprit devront et doivent être animés ceux qui voudront composer dans la suite son Eglise. « Laissez les petits, leur dit-il, s'approcher » de moi. Heureux ceux qui imiteront leur candeur, leur ingénuité, » leur innocence! Mon Eglise est le royaume de Dieu sur la terre; » elle ne se remplira que de sujets qui leur ressembleront. »

Partout, dans les villes comme dans les bourgades, la foule assiégeait les pas du Fils de Dieu. Ses prédications avaient de nombreux
auditeurs. Les principes de sa morale étaient goûtés. Il n'est donc
pas étonnant que les mères de famille qui voyaient en lui un homme
extraordinaire, s'empressassent de l'inviter à toucher leurs enfans,
dans l'espoir que ses bénédictions influeraient sur les destinées de
ces êtres qui leur étaient si chers.

Tel est le sujet de la scène représentée dans ce tableau, que Sébastien
Bourdon a traitée avec autant de grâce que de talent. Il a supposé
que le Christ s'est arrêté aux portes d'une grande ville, qu'il s'est
assis sur les degrés de quelqu'édifice, et qu'il s'entretient avec ses
disciples de quelque point de morale dont l'importance captive leur
attention. Trois de ces disciples sont assis comme leur maître, quatre
autres sont restés debout devant lui. A peine le bruit de son arrivée
s'est-il répandu, que des femmes sont accourues avec leurs enfans. A la
frayeur de celui qui court se cacher dans le sein de sa mère, et à
la manière dont le Christ en enveloppe deux autres de son bras protecteur, on reconnaît que les disciples ont déjà voulu écarter ces
innocentes créatures. On le reconnaît encore, tant les expressions
sont justes, à l'attitude tout-à-la-fois espiègle et fière des deux enfans
placés sur le devant, qui semblent s'énorgueillir de la protection que
le Christ leur accorde, et dire au disciple assis sur le premier plan :
« Maintenant que votre maître a parlé, vous n'oserez plus nous re
» pousser. »

Mais l'instant précis de l'action représentée est celui où Jésus prononce ces paroles mémorables que j'ai rapportées plus haut ; c'est ce
dont il est impossible de douter en examinant le geste dont il indique
les deux enfans qu'il tient embrassés, et la sévérité dont son front
s'est armé en adressant la parole à ses disciples. Ceux-ci l'écoutent
avec un étonnement mêlé de respect. Nulle improbation ne se peint
dans leurs traits. On y remarque simplement un peu de confusion de
leur brutalité, et de n'avoir pas mieux lu dans la pensée du Christ.

Les deux mères que l'on voit prosternées auprès du Christ ; celles
qui sont groupées derrière elles, sont pleines de grâce et d'élégance.
D'autres figures plus éloignées, de belles fabriques, des palmiers,
des arbres pittoresquement semés, enrichissent encore cette belle
composition de l'un des plus grands peintres de l'Ecole française.

LE REPOS DE LA S.^{TE} FAMILLE.

Elle réunit en effet au mérite de l'expression, celui d'une exécution précieuse et pleine de charmes. Le coloris en est d'une délicatesse extrême. Ce tableau doit être rangé parmi les plus belles productions du Bourdon. C'est l'une de celles que l'on peut citer avec les chefs-d'œuvres du Poussin, de Le Sueur et de Le Brun, pour prouver la prééminence de l'Ecole française sur les autres Ecoles dans la la composition pittoresque.

Ce beau tableau sort de la célèbre collection de Tolozan, et fut acquis à sa vente, il y a quelques années, pour entrer dans le Musée.

PLANCHE II.

POUSSIN (NICOLAS).

UNE SAINTE FAMILLE; *peint sur toile; hauteur quatre-vingt-un centimètres six millim. ou deux pieds cinq pouces six lignes; largeur un mètre quarante-neuf cent. deux millim. ou quatre pieds six pouces.*

DANS la quatre-vingt-troisième livraison de cet ouvrage, nous avons déjà décrit un tableau de ce célèbre maître sur le même sujet. Si nos lecteurs se donnent la peine de le rapprocher de celui dont nous allons nous occuper, ils se convaincront de la fécondité et de la richesse du génie de ce grand peintre, et de son art étonnant de paraître toujours nouveau, quoiqu'en traitant le même sujet. En effet, quel talent ne faut-il pas quand on recommence une scène qui ramène nécessairement les mêmes acteurs, la même situation, les mêmes affections de l'ame, quel talent, dis-je, ne faut-il pas pour échapper aux répétitions, aux réminiscences, aux ressemblances! voilà les écueils que nul autre que Le Poussin n'évita peut-être jamais. A quelle méditation profonde, à quelle étude du cœur humain un peintre ne doit-il pas se livrer pour envisager ainsi un sujet sous toutes ses faces; pour le rendre toujours également piquant, sans sortir de la vérité historique; pour prêter aux personnages des intentions nouvelles sans dénaturer leur dignité, sans contredire les opinions reçues, sans altérer la vraisemblance, sans que la raison enfin puisse se plaindre d'avoir été plus négligée dans l'un que dans l'autre! Telle est la victoire que le Poussin a remportée sur les difficultés nombreuses que présentent des entreprises de ce genre, et ses Saintes Familles en fournissent la preuve.

Au calme qui règne dans les attitudes des personnages de celle-ci, à la profonde paix que l'on remarque sur leurs traits, on reconnaît sans peine que cette Sainte Famille est entièrement libre des soucis, des inquiétudes, des angoisses, dont elle dut être la proie à l'instant de sa fuite. Elle a sans doute touché une terre hospitalière, où les ordres d'Hérode ne peuvent plus l'atteindre. Assis au pied de deux arbres touffus, la Vierge, Saint Joseph, Sainte Anne et les deux enfans, composent ce groupe, où tout est naïf, simple, gracieux et pur. L'Enfant Jésus et le petit Saint Jean sont entièrement nuds. Sainte Anne, plutôt accroupie qu'assise, soutient son fils entre ses deux mains. Jésus est couché sur les genoux de la Vierge. D'un pan de sa mante, elle allait envelopper cet enfant chéri pour le garantir des impressions de l'air; qui peut donc suspendre l'effet de cette précaution maternelle? C'est l'attention involontaire que les trois personnages donnent à l'action dont s'occupent les deux enfans. Cette attention les distrait de tout autre soin. Le petit Saint Jean a présenté à Jésus un rouleau ou banderolle, sur laquelle sont tracés ces mots : *Agnus Dei*, et lui en explique le sens. Mais c'est ici que le peintre philosophe a donné à chaque personnage l'expression qui lui convient; c'est-à-dire celle la plus convenable tout-à-la-fois et à la nature humaine, et à la part plus ou moins intime que chacun d'eux a dans le grand mystère de la Rédemption. Sainte Anne plus terrestre, si j'ose m'exprimer ainsi, ne laisse percer que cette satisfaction d'une bonne mère dont le cœur jouit de l'intelligence précoce de son enfant. La pénétration de la Vierge s'étend plus loin. On reconnaît à sa douce surprise que son esprit s'avance dans l'avenir, et que les destinées de son fils se développent à ses yeux. Saint Joseph écoute l'entretien des deux enfans. Sa pose, son visage, tout annonce sa confiance. Rien ne l'étonne dans ce qu'ils disent. Leur âge s'est effacé de sa mémoire. Il les écoute comme on écoute un sage. Quant aux deux petits, ils sont étrangers à tout ce qui les entoure. L'un parle, l'autre écoute. C'est l'inspiration divine qui les maîtrise. Tout est ingénieux dans la composition, tout est réfléchi, tout est pensé, tout est motivé dans l'expression.

UN INTÉRIEUR HOLLANDOIS.

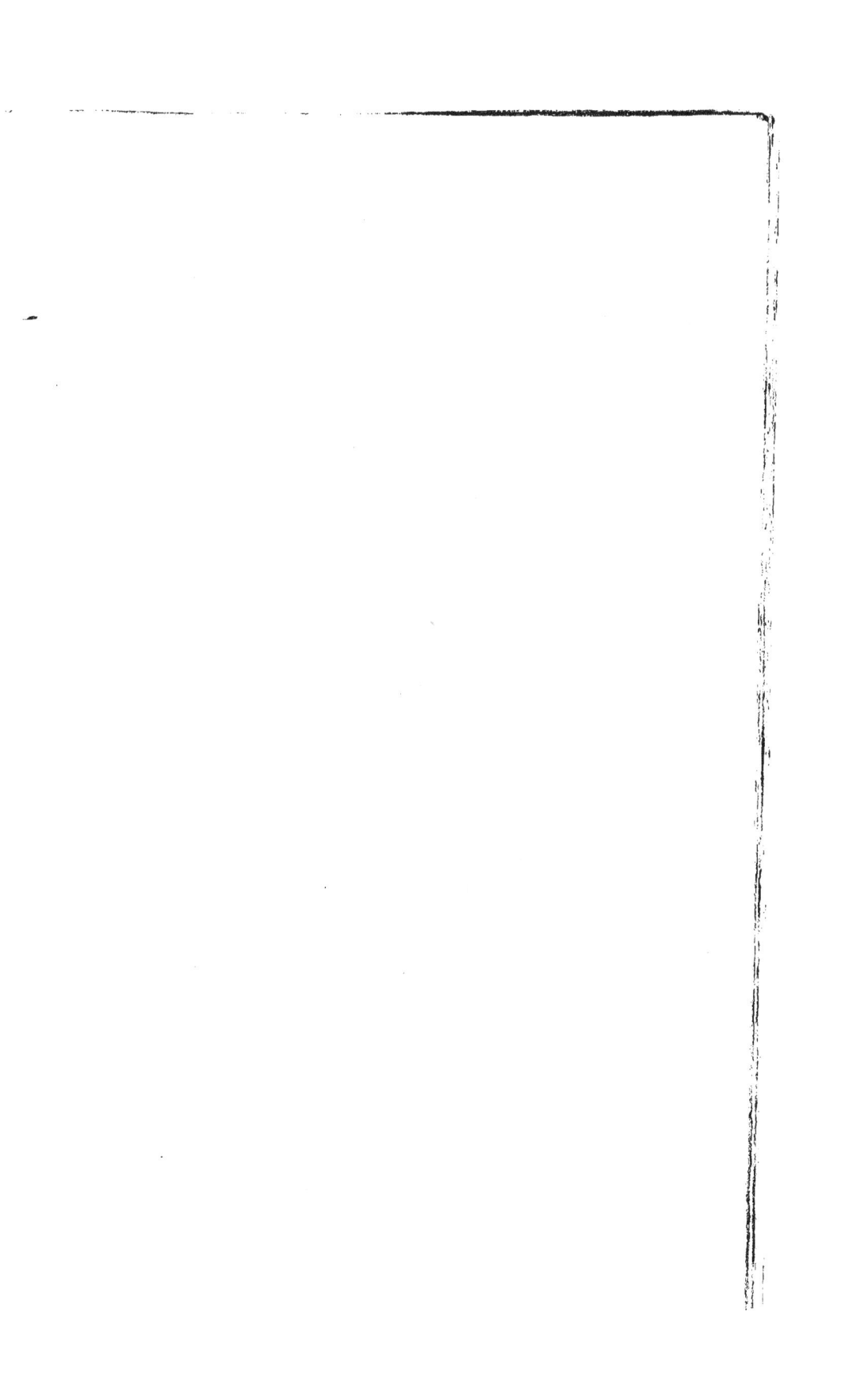

C'est en analysant des tableaux de ce mérite supérieur, que l'on découvre toutes les difficultés de l'art, et que l'on est vraiment effrayé de la masse de connaissances et de qualités qu'un homme doit réunir pour être un grand peintre.

Ce tableau faisait partie de la collection des rois de France.

PLANCHE III.

COQUES (GONZALES), né en 1610, mort en 1684.

UN INTÉRIEUR HOLLANDAIS; *peint sur bois; hauteur quarante-six centimètres huit millimètres ou un pied cinq pouces; largeur soixante-six centimètres six millimètres ou deux pieds.*

VOICI un très-beau tableau d'un peintre célèbre dans l'Ecole hollandaise, et dont la France, malheureusement, ne possède que très-peu de productions. Il représente le salon d'une maison hollandaise. Cette maison est sans doute habitée par une famille opulente. La tenture et l'ameublement de ce salon, le costume des personnages que le peintre y a figurés, l'objet même de leurs occupations, ou si l'on aime mieux de leurs amusemens, tout annonce la richesse des maîtres du logis, et leur amour pour l'étude et les beaux-arts. Un jeune homme est assis près d'une table ou bureau recouvert d'un tapis, sur lequel sont posés des livres, une sphère, un petit modèle de statue et autres objets d'étude. Une jeune femme, son épouse sans doute, élégamment parée, est furtivement entrée, et prélude sur un clavecin dont elle vient d'ouvrir la table. Je dis qu'elle prélude, parce qu'elle est encore debout, et que derrière elle se trouve le siége dont elle va se servir dans un instant. Cette pose est parfaitement motivée, car le jeune homme frappé par l'harmonie dont il entend les premiers sons, a suspendu soudain sa lecture. Il tient encore le feuillet qu'il allait retourner, et son oreille attentive a reconnu aux accords de l'instrument harmonieux, la personne chérie dont les talens viennent le distraire. C'est de lui que l'on peut dire : *Il écoute de toute sa personne.* Il changera de position dès que la jeune femme aura commencé le morceau qu'elle se propose sans doute d'exécuter. Il voudra joindre au plaisir de l'entendre le plaisir plus grand peut-être de la voir. Cette jeune dame, les yeux à demi tournés vers son époux qui se trouve sur un plan plus avancé, laisse errer sur ses lèvres un aimable sourire. Il lui a suffi de paraître et d'agiter les touches d'un clavier pour suspendre les méditations d'un philosophe, et elle s'en applaudit intérieurement. Sur le devant, un petit chien est mollement couché sur le coussin d'une chaise. C'est un de ces petits animaux que les caresses et les attentions souvent ridicules de leurs maîtres, ont à la longue accoutumé à l'indifférence ; petits despotes domestiques, dont il faut vénérer les caprices, l'humeur hargneuse, les jappemens aigus, si l'on est jaloux du titre d'ami de la maison. Celui-ci ne s'occupe ni de son maître, ni de sa maîtresse, ni de ce qu'il entend. La seule grâce qu'il leur fait, est de vouloir bien se reposer. On ne peut pas mieux saisir les habitudes et la nature.

La table ou couverture de ce clavecin est un tableau. On peut juger d'après cela, que cet usage de peindre l'intérieur des tables des clavecins est ancien en Hollande et en Flandre. Il s'y conserve encore. On se rappelle sans doute celle que M. Omeganck exposa, il y a huit ou dix ans au Musée ; production charmante qui commença à Paris la réputation de cet habile artiste.

Ce tableau est d'une couleur aimable, d'un fini précieux et d'un effet piquant par la vérité enchanteresse des deux portraits, et la manière dont les étoffes sont rendues. Quels sont ces deux personnages ? C'est ce que l'histoire de l'art ne nous apprend pas. Mais j'oserai hasarder une conjecture. La grande réputation de Coques et la haute estime dont tant de souverains l'honorèrent, fit rechercher son alliance par les plus riches particuliers d'Anvers. Il maria sa fille à un jeune homme, *M. Lonegraève*, parti très-considérable. Ce ne serait pas blesser la vraisemblance, que de supposer que ce tableau représente ces deux jeunes gens dans les premiers tems de leur hymen.

Coques fut élève de *David Rickhaert* le vieux, et fut de son tems le premier peintre après Van Dyck, qu'il égala même souvent dans les petits portraits. Le roi d'Angleterre, le duc de Brandebourg, l'archiduc *Léopold*, dom Juan d'Autriche, le prince d'Orange, le comblèrent de faveurs. Il usa bien de sa richesse, et par reconnaissance

VANDER ULFT.

UNE PORTE DE VILLE.

des talens qu'il devait à *Rickhaert* son maître, il épousa sa fille, et vécut heureux avec elle. Le ciel vint enfin mêler quelqu'amertume à tant de prospérités. Il perdit en peu d'années sa fille, son fils et son épouse, et resta seul avec sa gloire ; c'est-à-dire sans consolation.

Sa manière fut large et facile, son pinceau précieux, son dessin correct, et son coloris d'une fraîcheur admirable, surtout dans les chairs. Descamps n'a connu en France que deux tableaux de ce maître, possédés, l'un par M. le comte de Vence, l'autre par l'abbé de Berg Saint-Vinox.

Celui que nous venons de décrire est dû aux conquêtes de 1806.

PLANCHE IV.

ULFT (JACQUES VAN) né vers 1627.

UNE PORTE DE VILLE ; *peint sur toile ; hauteur quarante-six centimètres huit millimètres ou un pied cinq pouces ; largeur soixante centimètres ou un pied dix pouces.*

CE paysage représente une porte et une partie des murailles d'une ville, dont les fortifications sont gothiques. Le pied de ces murailles est baigné par les eaux d'un canal ouvert pour le commerce, et sur lequel on aperçoit une barque chargée de marchandises. Le peintre a placé sur le premier plan un paysan précédé d'un chien, et près de lui un marchand ou un pourvoyeur conduisant un cheval chargé de deux petits tonneaux. Sous la porte de la ville passe une petite charette pleine de ballots, dont le conducteur est assis sur l'un des brancards. Un peu plus loin, deux autres hommes et un cheval, et un peu plus sur le devant deux bourgeois, dont l'un est assis et l'autre regarde la barque. Au-delà du canal, le paysage est de même animé par plusieurs figures, et la campagne s'étend jusqu'aux montagnes qui bornent l'horizon. Ce tableau est agréable, le ton en est très-harmonieux, et le pinceau a de la suavité. C'est le seul que le Musée possède de cet artiste. Il sort de la collection de Tolozan.

8

PLANCHE V.

MIÉRIS (Guillaume Van), né en 1662, mort en 1747.

LE MARCHAND DE GIBIER ; *peint sur bois ; vingt-sept centimètres trois millimètres ou dix pouces deux lignes ; largeur vingt-six cent. ou neuf pouces huit lignes.*

Si l'on comparait ce charmant tableau et celui qui lui sert de pendant aux autres productions du même peintre, que possède le Musée Napoléon, on douterait qu'ils fussent sortis du même pinceau. Dans celui que nous publions aujourd'hui, Miéris (Guillaume) a su réunir à l'extrême fini que l'on remarque dans ses autres tableaux, un coloris plus fin, plus chaud, et plus en harmonie avec celui de *François Miéris* son père. Tout y respire la vérité, tout y est d'une exécution charmante. Un marchand assez jeune tient par les pattes un coq que lui marchande une cuisinière, et pour lequel elle lui offre une pièce de monnoie. Le geste du marchand indique qu'il accepte le marché. Un lièvre est accroché à la fenêtre où sont placés ces deux personnages. On voit sur l'appui de cette fenêtre un couteau, deux autres pièces de gibier et une serviette jetée négligemment. Le cintre est ombragé par une vigne-vierge, et de l'autre côté est suspendue une cage d'osier qui renferme des tourterelles. L'entablement de la fenêtre est enrichi d'un bas-relief représentant des enfans qui luttent ensemble, tandis que quelques-uns jouent avec une chèvre, et que d'autres mettent toute leur force à retenir un chien qui jappe et veut se jeter sur elle.

PLANCHE VI.

BACCHUS. — Statue. *Hauteur un mètre trente-trois centimètres trois millimètres ou cinq pieds.*

BACCHUS est ici représenté dans la fleur de l'âge. Il tient une grappe de raisin. Le pampre couronne sa tête. A ses côtés est la Nebride.

Cette statue, d'un travail grec très-ancien, a éprouvé des restaurations. La tête est antique, mais n'est pas la sienne. Le bras qui porte la grappe et la jambe droite sont modernes ; tout le reste est de la plus belle conservation, et d'une rare beauté.

Né. 627.   Éco¹. Flam⁴.

Des. par Fribourg.   Gra.⁴ à l'eau-forte p.ᵉ Chataignier.   Term. par Géraud.

LE MARCHAND DE GIBIER.

Dessiné par Vauthier.

Gravé par Laugier.

BACCHUS.

LE SUEUR.

Dess. par Boudan.   Gravé à l'eau-forte par Quéverdo.   Term. par Villerey

S.t BRUNO AUX PIEDS DE S.t HUGUES.

EXAMEN

DES PLANCHES.

PLANCHE PREMIÈRE.

LE SUEUR (Eustache).

SAINT BRUNO AUX PIEDS DE SAINT HUGUE, ÉVÊQUE DE GRENOBLE ; *peint sur bois et transporté sur toile ; hauteur deux mètres ou six pieds ; largeur un mètre trente-trois centimètres deux millimètres ou quatre pieds.*

On rapporte que Saint Bruno fit un songe dans lequel il crut recevoir les ordres du Seigneur, et se voir guider par sept étoiles brillantes vers une affreuse solitude appelée la Chartreuse, située dans les montagnes qui avoisinent Grenoble, et au milieu de laquelle Dieu lui avait ordonné d'élever un monastère.

Cependant Saint Bruno, sur la foi de ce songe, ne se crut pas assez autorisé pour disposer d'un emplacement qui ne lui appartenait pas. Il jugea donc convenable de s'assurer de l'assentiment de Saint Hugue, qui occupait alors le siége de Grenoble, et résolut d'aller se jeter à ses pieds pour le supplier de vouloir bien concourir à l'accomplissement des décrets éternels ; et c'est l'entrevue de ces deux saints personnages qui fait le sujet de ce tableau, le neuvième de cette suite connue sous le nom de Cloître des Chartreux, dont nous avons déjà mis plusieurs tableaux sous les yeux de nos lecteurs.

Je crois nécessaire de faire observer que Saint Hugue, évêque de Grenoble, vivait à la même époque que Saint Hugue, abbé de Cluni, et qu'alors il serait facile de les confondre. Mêmes vertus, même piété, même modestie, tant d'autres caractères de ressemblance enfin, les rapprochent, que cette erreur serait pardonnable. Mais elle jetterait du louche sur l'histoire, et sans me permettre d'examiner ce que l'on doit penser du songe ou de la vision de Saint Bruno, je crois que l'historien doit écarter tout ce qui peut jeter de l'invraisemblance sur un récit que le sujet qu'il traite l'oblige de faire, et certes il serait ridicule de penser que Saint Bruno se fût adressé à un abbé de Cluni pour disposer d'un terrain situé dans l'ancien Dauphiné ; c'est cependant ce que pourraient supposer les personnes qui, trompées par la conformité des noms, ne se donneraient pas la peine de rectifier le premier jugement qu'un nom pris pour l'autre leur aurait fait porter.

Au reste, je dirai en passant, que ce Saint Hugue, abbé de Cluni, méritait, par sa tolérance, de vivre dans un siècle plus éclairé. Il fut en butte aux persécutions d'un archevêque de Lyon pour avoir, le Vendredi Saint, prié pour l'empereur Henri IV qui était excommunié. Il ne se révolta point contre ces persécutions ; il gémit tout bas de l'aveuglement du prélat, se contenta de faire le bien, et continua de prier pour l'empereur, son ami et son filleul. Revenons au tableau.

Saint Bruno, suivi de quelques-uns de ses disciples, vient d'entrer dans la cour du palais de l'évêque de Grenoble. On aperçoit encore à la porte extérieure ses chevaux tenus par des domestiques, dont quelques-uns les débarrassent des équipages dont ils sont chargés. Saint Hugue prévenu de l'arrivée de cet homme illustre, est venu jusqu'à la porte de son palais pour le recevoir. Saint Bruno, en l'abordant, s'est prosterné sur la dernière marche du péristyle, et ses compagnons, à son exemple, s'agenouillent déjà.

Ce grand peintre a rendu cette scène avec une vérité et une naïveté parfaites. Les figures des deux Saints sont d'une expression admirable. Que cette tête courbée, que ces bras à demi ouverts, que ces yeux baissés et presque fermés prêtent d'éloquence à celle de Saint Bruno !

Quelle noblesse dans son humilité même! Quelle fervente confiance dans la protection de celui qu'il implore! mais aussi quelle résignation à la douleur que lui ferait éprouver un refus! Les sentimens dont Saint Hugue est animé, ne sont pas rendus avec moins de supériorité. La modestie se peint dans tous les traits de cette tête vénérable. Ce vertueux vieillard est presque humilié de la posture suppliante d'un homme dont il vénère les grands talens et la haute piété. Une légère teinte de peine décèle ce que son cœur souffre de l'hommage que Saint Bruno lui rend; il semble bien moins l'écouter que le presser de se relever. Que la manière dont ses bras sont placés est bien pensée! elle prouve que son premier mouvement sera de le presser contre son sein, dès que Saint Bruno aura cédé à ses instances. L'expression des personnages secondaires n'est pas moins juste. Les disciples de Saint Bruno sont dans l'attente du succès qu'obtiendra la demande de leur chef. Les deux prêtres qui ont suivi Saint Hugue sont également bien dans la nature; le plus âgé promène un œil sévère sur ces étrangers; le plus jeune les regarde avec indifférence. Depuis long-tems il est accoutumé à voir des hommes implorer son évêque. Rien de plus simple et de mieux rendu que cette scène pleine d'intérêt et de mouvement.

On sait que Saint Hugue conduisit lui-même Saint Bruno à la Chartreuse, dont le nom atteste encore la modestie de son premier habitant. Il n'a point, comme tant d'autres fondateurs, imprimé fastueusement son nom à l'ordre qu'il créa. Il a porté celui du désert qu'il avait choisi. Sans ostentation dans sa rigidité, sans espérance peut-être que son exemple fût suivi, il se retira du monde sans appeler sur sa mémoire le respect de la postérité, et nul sentiment d'orgueil ne corrompit sa résolution de consacrer ses pensées, ses actions et sa vie à son Dieu.

PLANCHE II.

LE SUEUR (Eustache).

MELPOMÈNE, POLYMNIE, ERATO; *peint sur bois; hauteur un mètre trente-trois centimètres deux millimètres ou quatre pieds; largeur un mètre trente-trois centimètres deux millim. ou quatre pieds.*

En publiant, dans la quarante-huitième livraison de cet ouvrage, un tableau de Le Sueur, intitulé Clio, Euterpe et Thalie, nous avons exprimé notre incertitude sur la juste application des noms donnés aux trois femmes qu'il représente. Elle était fondée sur l'absence de la plupart des attributs auxquels on peut les reconnoître. Notre indécision est plus grande encore relativement au tableau qui va faire le sujet de cet article. La notice du Musée, imprimée en 1793, dit que ce sont ici Melpomène, Polymnie et Erato. Si telle fut l'intention du peintre, j'avoue qu'il est difficile de la deviner. Par exemple, ces livres sur lesquels cette femme s'appuie, ces lauriers dont elle est couronnée, n'appartiennent-ils pas autant à la muse épique qu'à celle de la tragédie? Ce livre de musique, cette couronne de fleurs peuvent bien désigner Erato; mais comment reconnaître Polymnie à cette basse de viole? Quel rapport peut-il y avoir entre la muse de la rhétorique et cet instrument très-moderne, et déjà cependant à-peu-près oublié? Rien ne garantit donc l'exactitude du titre de ce tableau.

Quoiqu'il en soit, il complète cette suite de neuf Muses, que Le Sueur exécuta en cinq parties pour le président Lambert. On retrouve dans cet ouvrage cette grâce naïve et ce coloris délicat, bases principales de son précieux talent. En examinant avec soin ces cinq tableaux, on y remarque une simplicité dont le charme rappelle les peintures antiques; aussi un littérateur instruit et très-versé dans la science de l'antiquité, dit-il un jour en les admirant, qu'il ne leur manquait, pour être appréciés à leur juste valeur, que d'être peints à fresque, et d'avoir été tirés des ruines de quelque palais antique.

Peint par Bourdon.   Grd.ᵉ à l'Eau-forte par Quenedey.   Termi.é par Riquet.

MELPOMÈNE, POLYMNIE, ÉRATO.

LA FEMME CHARITABLE.

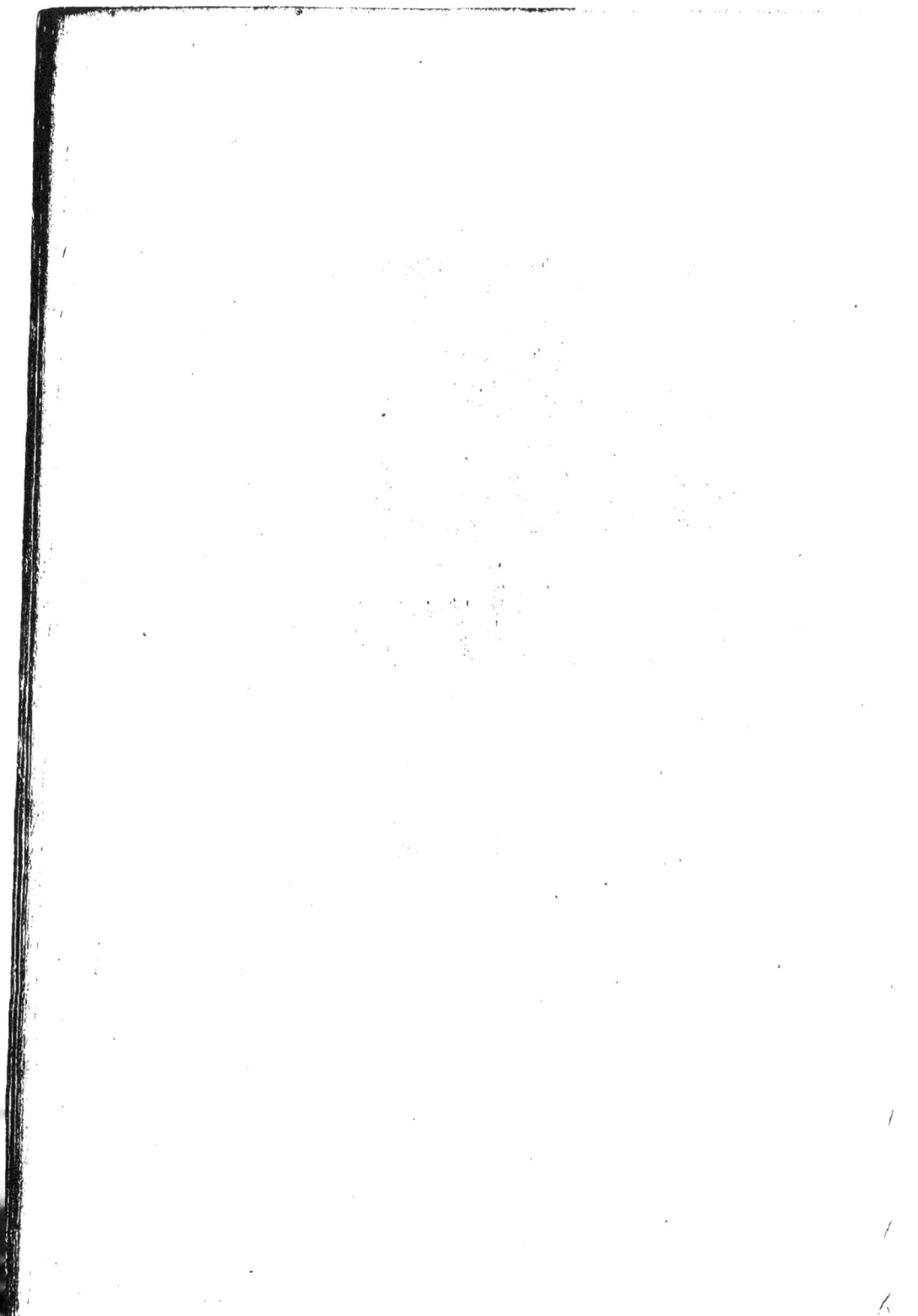

PLANCHE III.

METZU (Gabriel).

LA FEMME CHARITABLE; *peint sur bois ; hauteur quarante-neuf
centimètres trois millimètres ou dix-huit pouces ; largeur trente-huit
centimètres huit millimètres ou quatorze pouces.*

Une femme assise prend le frais sur le perron de sa maison,
dont la façade donne sur un jardin. Un petit malheureux s'est approché
d'elle, et, humblement le chapeau à la main, lui demande l'aumône.
La dame paraît touchée de la situation déplorable de cet enfant, et
tient une pièce de monnaie qu'elle est au moment de lui donner.

Quoiqu'une scène semblable ait bien peu d'importance, celle-ci
néanmoins est peinte avec tant de vérité, et l'expression des personnages annonce dans l'auteur une connaissance si parfaite du cœur
humain, qu'elle attache et intéresse vivement.

Le code de la mendicité, si bien tracé dans Gusman d'Alfarache,
serait-il déjà familier à cet enfant? On pourrait le penser à sa pose
indécise, à sa chevelure en désordre, à son col renfoncé dans ses
épaules pour paraître plus *souffreteux*. Mais, non; sa figure est douce ;
elle n'a rien d'ignoble, de faux, de malicieux ; c'est tout simplement
un pauvre petit orphelin que la misère accable, et que le besoin
impérieux force à demander. Il règne une grande modestie dans la
charité de cette dame. Sa main donne, et son regard console. A ses
pieds est un petit chien. Il est bien tenté de japper contre l'enfant,
mais le ton calme et doux de sa maîtresse, qu'il a l'air d'écouter,
le retient.

Cette maison de campagne est à la porte d'une ville ou gros bourg,
dont on aperçoit les clochers par-dessus les arbres du jardin.

Ce charmant tableau est dû aux conquêtes de 1806.

PLANCHE IV.

VELDE (ADRIEN VAN DEN).

FAMILLE DE PÊCHEUR HOLLANDAIS; *peint sur bois ; hauteur quarante-un centimètres trois millimètres ou un pied trois pouces ; largeur cinquante-quatre centim. ou un pied sept pouces neuf lignes.*

CE charmant tableau de marine représente la plage de Schevelingen, proche de la Haye. Une famille de pêcheurs hollandais est rassemblée à l'entrée d'une hutte ou espèce de tente, en attendant que le flot relève leurs barques que le jusant à mises à sec. Le grand-père tient entre ses genoux un de ses petits enfans, et lui apprend à lire. La grand-mère accroupie, tend les bras à cet enfant, dont la leçon va finir. Leur fille, assise près d'eux, en tient un autre plus jeune encore. Les deux aînés jouent un peu plus loin et luttent ensemble, tandis qu'un matelot, également de la famille, s'amuse avec un chien. D'autres personnages sont assis autour du groupe principal.

On aperçoit dans le fond un carrosse à quatres chevaux qui se promène sur la grève ; et sur un plan plus rapproché, un chariot couvert attelé de deux chevaux. La mer forme l'horison.

Ce précieux tableau sort de la collection du stathouder. La signature de Van den Velde se voit près de la hutte.

PLANCHE V.

DOW (GÉRARD).

UN ASTROLOGUE; *peint sur bois ; hauteur dix-sept centimètres ou quatre pouces cinq lignes ; largeur treize centimètres ou quatres pouces dix lignes.*

CE tableau sort de la collection du roi de Sardaigne. C'est un ouvrage peu important, et qui ne peut ajouter aucun lustre à la haute réputation de Gérard Dow. Il est présumable que c'est une de ses premières productions.

Des.t par Goud.   *Gra.é à l'eau forte par Choubanier.*   *Ter.é par N. qud.*

VUE DE LA PLAGE DE SCHEVELINGEN.

G . DOW.

Desº et Grav.   par C.Bontrois.

UN ASTROLOGUE.

Dessiné par Vauthier.   Gravé par Geraud.

POSIDIPPE.

PLANCHE VI.

POSIDIPPE. — STATUE.

CE poète dramatique était de Cassandréc, ville de Macédoine.. Il obtint une grande célébrité chez les Grecs, pour avoir excellé dans ce qu'ils appelaient la nouvelle comédie. Son nom n'est presque aujourd'hui connu que des érudits. Celui de Ménandre a prévalu, et a pour ainsi dire absorbé la réputation de tous ceux qui se distinguèrent dans un genre qu'il avait créé.

Les comédies d'Aristophane amusèrent long-tems les Athéniens. La satire quelquefois grossière et mordante dont elles étaient assaisonnées, et dont les traits empoisonnés frappaient indifféremment la vertu comme le vice, les chefs de l'Etat comme le dernier des citoyens, cette satyre devait plaire à un peuple malin, épigrammatique, léger dans ses jugemens, inconséquent dans ses opinions, accessible à toutes les préventions. Ménandre sentit que le peuple d'Athènes se déshonorait en applaudissant à ces farces dégoûtantes, et qu'il était tems de soumettre la scène à cette délicatesse de goût, à cette grâce d'esprit, à cette finesse de tact que les Athéniens mettaient en usage partout, excepté au théâtre. Il prit donc une route entièrement opposée à celle qu'Aristophane avait suivie. Il substitua la plaisanterie aimable et douce, à la satire insolente. Il mit l'agrément de l'esprit à la place de la trivialité méchante. Il fut le peintre des ridicules et n'en fut point le délateur, et dans le nombre immense de pièces qu'il composa, on ne le vit jamais s'écarter de la décence.

Les Grecs honteux de leur enthousiasme pour Aristophane, proclamèrent Ménandre prince de la nouvelle comédie, et l'aticisme embellit le théâtre comme il embellissait tous les autres arts. Ce fut à l'imitation parfaite de Ménandre, à l'observation exacte des nouveaux principes qu'il avait établis, à l'attention continuelle à conserver aux jeux scéniques cette urbanité qu'il y avait introduite, que P osidippe dut son eclat, et la gloire de se voir ériger des statues.

La sienne fait, au Musée, le pendant de celle de son maître. Comme lui il est assis sur un de ces siéges qui ont tiré leur nom d'*Hémycicle*, de la forme circulaire de leur dossier. Ces deux poètes sont vêtus à-peu-près de même, c'est-à-dire de la tunique et du manteau que les Grecs appelaient *pallium*. Posidippe porte des anneaux à ses doigts, et des brodequins forment sa chaussure. Son nom est lisiblement gravé sur la plinthe.

Cette belle figure est remarquable par l'imitation frappante de la nature, et par l'admirable simplicité du travail. Cette statue, aussi bien que celle de Ménandre, ont été découvertes ensemble à la fin du seizième siècle, sur le mont Viminal, à Rome, dans les jardins du couvent de Saint-Laurent *in Panisperna*, et ne se sont point séparées depuis. On les exposa d'abord dans une salle ronde qui tenait aux bains d'Olympias. Sixte V les fit transporter à la Villa Montalto, appelée depuis Negroni. Du tems de Pie VI, elles passèrent au Musée du Vatican. L'une et l'autre sont de marbre pentélique. On suppose que dans l'antiquité, elles décoraient le théâtre d'Athènes.

N°. 686.

Rec.^t Franc.^s

D.^{né} par C. Bourdon. Gra.^{vé} à l'eau-forte par Berteaux. Term.^{né} par C. Niquet.

LA VISION DE St BENOÎT.

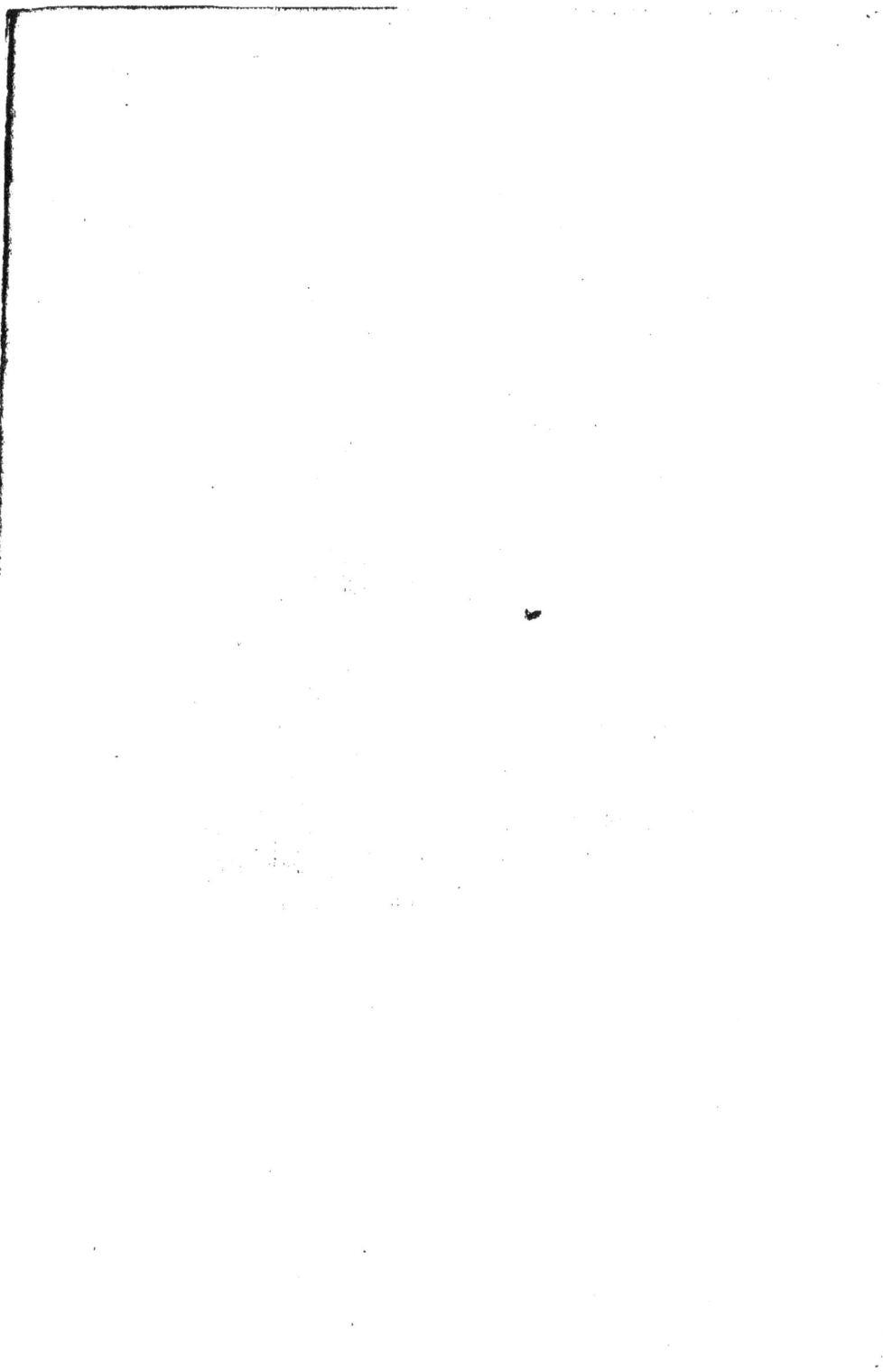

EXAMEN

DES PLANCHES.

PLANCHE PREMIÈRE.

LE SUEUR (Eustache).

VISION DE SAINT BENOIST ; *peint sur toile, hauteur un mètre quarante-quatre centimètres ou quatre pieds quatre pouces ; largeur un mètre vingt-quatre centimètres ou trois pieds neuf pouces.*

L'on doit au pape Saint Grégoire la première histoire connue de Saint Benoît, et ce fut sans doute dans cet ouvrage que Le Sueur puisa le sujet du tableau que nous publions aujourd'hui. Il ne serait pas possible d'ailleurs que la première pensée lui en eût été inspirée par la *Vie des Saints*, du père Giry, historien sacré du dix-septième siècle, puisque ce minime n'avait que vingt ans lorsque Le Sueur mourut. Au reste, la manière dont ce légendaire peu fidelle rapporte la vision de Saint Benoît, n'aurait pas été assez poétique pour frapper l'imagination d'un peintre. Saint Benoît, selon le père Giry, eut une vision dans laquelle il aperçut le corps de Sainte Scholastique, sa sœur, s'élever au ciel sous la forme d'une colombe. On sent assez que ce récit trop simple eût été peu fait pour attirer l'attention de Le Sueur, quand même il eût été possible qu'il en eût eu connaissance.

PLANCHE II.

DOW (Gérard).

LA JEUNE MÉNAGÈRE ; *peint sur bois ; hauteur soixante-quatorze six millimètres ou deux pieds trois pouces ; largeur cinquante-cinq centimètres trois millimètres ou un pied huit pouces trois lignes.*

DANS l'une de ces grandes salles que l'on trouve fréquemment dans les maisons flamandes, une jeune dame en négligé du matin, est assise près d'une croisée. Devant elle et presque à ses pieds, son enfant repose dans un berceau, tandis qu'une jeune fille, sœur, ou, ce qui est plus vraisemblable, femme de chambre de la maîtresse, agenouillée près de l'enfant, soulève le voile qui le couvrait et le contemple avec intérêt.

Dans le fond du tableau, et au-delà d'une grande et large porte cintrée, l'on découvre une vaste cuisine, éclairée par deux longues fenêtres gothiques. Une vieille cuisinière debout devant la cheminée où pétille un feu clair, accroche une bouilloire à la crémaillée. Au coin de cette même cheminée et à côté des fenêtres, un vieillard, assis devant une table, la tête appuyée sur sa main droite, lit avec attention dans un livre de forme oblongue.

Les accessoires dont cet habile artiste a enrichi ce tableau, sont pour ainsi dire innombrables. Un lustre de cuivre poli à six branches est suspendu dans le milieu de cette salle, et l'on aperçoit également dans le fond la lampe qui le soir éclaire la cuisine. Malgré le désordre apparent de tous ces ustensiles de cuisine que l'on voit épars soit sur le plancher, soit sur les tables et les siéges, soit sur les tablettes de ce buffet, la propreté flamande ou hollandaise perce partout; un air d'opulence se fait sentir à ces provisions destinées sans doute au dîner du jour. Ce lièvre, cette volaille, ce poisson, ces choux, ces légumes, attestent l'abondance qui règne dans cette famille.

Au reste l'architecture intérieure de cette maison est bisarre. L'épaisseur du mur qui sépare la salle de la cuisine est énorme, autant que l'on peut en juger par la profondeur de la porte cintrée. A gauche

G. DOW.

Des.ᵉ par Fribourg.   *Grav.ᵉ à l'Eau-forte p.ʳ Châtaignier.*   *Term.ᵉ p.ʳ Dambrun.*

LA JEUNE MÉNAGÈRE.

Peint par S. L. Roy. Gravé par Morillière.

LA DISEUSE DE BONNE AVANTURE.

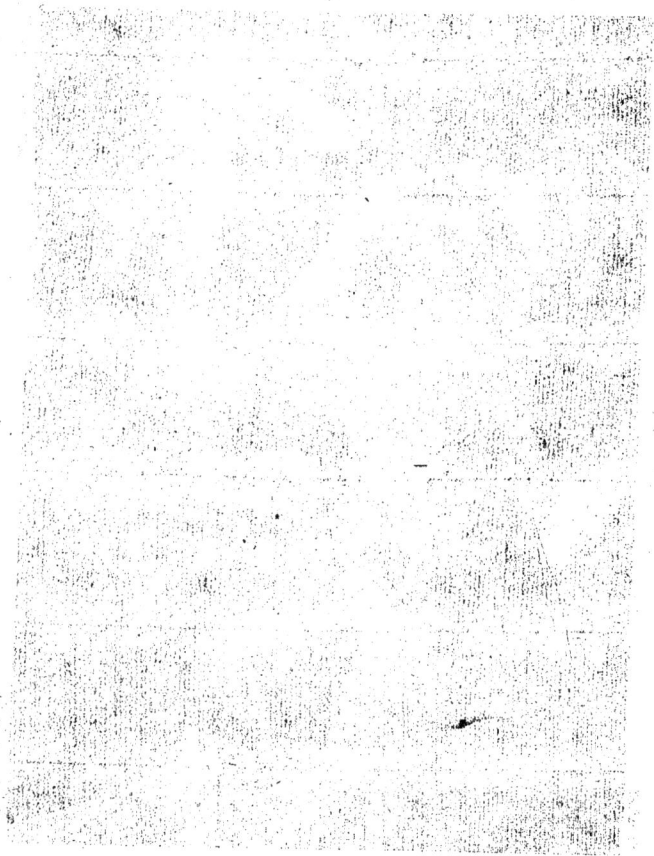

de cette porte on a pratiqué un escalier en limaçon, qui monte aux appartemens supérieurs, le long desquels règne un corridor ou galerie extérieure. Sur la balustrade de cette galerie, le peintre a adroitement jeté négligemment une toile ou drap qui coupe cette ligne transversale qui, sans cela, serait désagréable à l'œil. Sous l'escalier, il a placé un corps de bibliothèque fermé avec des rideaux, et sur lequel on voit quelques *in-folio* et des papiers.

Gérard Dow semble avoir voulu indiquer que c'était le séjour d'une famille noble. Il a peint des blasons sur les vitraux des fenêtres, et une circonstance assez remarquable, quoiqu'elle ne soit peut-être que l'effet du hazard ou du caprice du peintre, c'est que ces armoiries sont écartelées de Montmorenci, ce qui ne serait pas contraire à la vraisemblance, puisqu'il y avait effectivement en Flandres une branche de cette maison sous le titre de Robeck et Morbeck. On voit également suspendus à la colonne qui sert de noyau à l'escalier, un manteau de chevalier et une épée. Le bas de cette colonne est sculpté et représente des génies.

Ce charmant tableau, d'une exécution extrêmement précieuse, sort de la galerie du stathouder.

PLANCHE III.

CARAVAGE (MICHEL-ANGE DE).

UNE DISEUSE DE BONNE AVENTURE; *peint sur toile; hauteur un mètre trente-trois centimètres trois millimètres ou quatre pieds; largeur un mètre quatre-vingt-huit centimètres six millimètres ou cinq pieds huit pouces.*

QUELQUES personnes ont attribué ce tableau à Manfredi. Pour appuyer cette opinion, elles ont prétendu que ce tableau ne pouvait être du Caravage, parce qu'il sort du ton vigoureux de couleur familier à ce grand peintre, et que l'on retrouve dans la plupart de ses productions. S'ils eussent consulté la vie du Caravage, écrite par Bellori, ils auraient vu que cet historien nous apprend qu'il entreprit et exécuta ce tableau pour prouver qu'il n'avait besoin ni d'étudier les statues antiques, ni de consulter les ouvrages de Raphaël pour être peintre, et qu'il lui suffisait, pour faire un ouvrage parfait, de s'attacher à imiter la nature. Peu sensible à la noblesse des formes, il était dans l'usage de choisir ses modèles dans la plus basse classe du peuple. Ce fut donc dans la rue où le hazard lui fit rencontrer cette bohémienne, qu'il fut chercher la femme qu'il a représentée dans ce tableau, et ce fut là le seul modèle qu'il eut pour produire l'un des plus agréables tableaux que l'on ait dus à son grand talent. Il n'est certes aucun tableau du Manfredi que l'on puisse mettre en parallèle avec celui-ci. D'ailleurs, le Manfredi fut de tous les élèves, ou pour mieux dire de tous les nombreux imitateurs du Caravage, le plus faible, et si la nature le destinait à obtenir de grands succès, il mourut trop jeune pour accomplir les vues qu'elle avait sur lui.

Le Caravage a représenté, dans ce tableau, une jeune bohémienne. Elle est vêtue d'une espèce de robe ou mante, attachée sur l'épaule droite. Cette mante est verte, doublée de rouge. Le vert est la couleur symbolique des espérances qu'elle donne aux crédules qui la consultent, et le rouge celle des démons qui sont soumis à sa baguette. Elle dit la bonne aventure à un jeune homme vêtu à l'espagnole, dont le pourpoint jaune est recouvert d'un manteau noir. Il a les yeux fixés sur cette femme, et son regard exprime un sentiment plus vif que celui de la curiosité.

Ce tableau précieux faisait partie de l'ancienne collection des rois de France. Il a été gravé par Benoît Audran.

PLANCHE IV.

POUSSIN (NICOLAS).

ADAM ET ÈVE DANS LE PARADIS TERRESTRE; *peint sur toile; hauteur un mètre dix-huit centimètres six millimètres ou trois pieds sept pouces; largeur un mètre soixante centimètres ou quatre pieds dix pouces.*

Nos lecteurs se rappelleront sans doute que nous avons déjà publié deux tableaux du Poussin, faisant partie de la suite des quatre Saisons qu'il exécuta peu de tems avant sa mort. Pour désigner l'Eté, il re-

Dessiné par S. le a Roy.   Gravé par Guittet.

LE PARADIS TERRESTRE.

Dessiné par Marchais.   Grave à l'eau forte par Châtaigner.   Terminé par Villerey.

LA SORTIE DE L'HOTELLERIE.

présenta la Moisson de Booz et de Ruth; il indiqua l'Automne par la Grappe de la terre promise. Ce sont ces deux Saisons que nous avons déjà mises au jour. Le tableau qui fait aujourd'hui le sujet de cet article, est consacré au Printems. Enfin l'Hiver, la dernière de ces quatre Saisons, et que nous ferons connaître par la suite, est ce tableau si célèbre dans l'histoire de l'art, représentant l'épouventable scène du Déluge universel.

Le sujet des quatre Saisons a souri à beaucoup de peintres; mais si l'on se donne la peine d'examiner leurs tableaux sous le rapport de l'invention, on verra qu'il ne fut aucun de ces peintres, même parmi les plus habiles, qui ait su animer ce sujet, assez vague relativement à la peinture, par des scènes tout à-la-fois aussi intéressantes et aussi poétiques, sans qu'elles sortent de l'analogie qu'elles doivent avoir avec le sujet général. Cela prouve évidemment combien la connaissance de l'histoire, ou pour mieux dire combien l'instruction est utile et indispensable même aux peintres.

Le Poussin a représenté ici un paysage très-boisé, agréablement coupé par des rochers, des cascades, des ruisseaux. La végétation est dans toute la vigueur de la jeunesse. Il règne dans ce beau site une fraîcheur délicieuse. C'est vraiment le séjour de la paix éternelle. A l'ombre de ces arbres touffus, Adam assis, écoute Ève, dont les paroles séduisantes vont le conduire à goûter le fruit défendu. L'Eternel, porté sur des nuages, apparaît dans les airs, et semble s'indigner de la faiblesse et de la désobéissance d'Adam.

Ce beau tableau sort de l'ancienne collection des rois de France.

PLANCHE V.

WOUVERMANS (Philippe).

LA SORTIE DE L'HOTELLERIE; *peint sur bois; hauteur quarante-sept centimètres quatre millimètres ou un pied cinq pouces trois lignes; largeur trente-cinq centim. ou douze pouces huit lignes.*

DANS une vaste grange, qui sert aussi d'écurie à une auberge, deux voyageurs sont venus prendre leurs chevaux, et se disposent à se mettre en route. L'un d'eux, couvert d'un manteau rouge, est déjà à cheval. Près de lui est un levrier dont le regard impatient semble hâter le moment du départ. L'autre voyageur tient encore son cheval par la bride, et semble le gourmander. Il est nu tête ; son chapeau est sans doute tombé pendant qu'il corrigeait son cheval. Un garçon d'écurie achève d'ouvrir la porte charretière. Dans le fond, deux autres valets dessellent des chevaux qui viennent d'arriver, et les attachent au ratelier.

Sur le devant, on aperçoit des enfans qui jouent avec une chèvre. L'un de ces enfans est monté sur cette chèvre, tandis que le second la pousse pour la presser d'avancer. Un troisième les précède sur un cheval de carton, et semble le courrier précurseur de cette cavalcade. A gauche du tableau, une servante qui vient de puiser de l'eau dans un puits, s'amuse à regarder les jeux de ces enfans.

Il y a à-peu-près trente ans que ce joli tableau fut acquis pour la collection des tableaux du roi.

PLANCHE VI.

EURIPIDE. — STATUE.

Le disciple de Prodicus, de Socrate et d'Anaxagore, est représenté assis. Il a le torse entièrement nu, et les jambes et les cuisses couvertes d'un manteau jeté négligemment, et dont l'on aperçoit un des bouts sur son épaule. Il tient dans la main gauche le masque de la tragédie. Les titres de trente-six de ses pièces sont gravés sur le marbre contre lequel cette statue est adossée. On sait qu'il en composa soixante-quinze, dont dix-neuf seulement sont passées jusqu'à nous.

ΑΛΚΗΣΤΙΣ
ΑΡΧΕΛΑΟΣ
ΑΙΓΕΥΣ
ΑΙΟΛΟΣ
ΑΛΟΠΗ
ΑΝΤΙΓΟΝΗ
ΑΛΚΜΑΙΩΝ
ΑΝΔΡΟΜΕΔΑ
ΑΛΕΞΑΝΔΡΟΣ
ΑΥΓΗ
ΑΝΔΡΟΜΑΧΗ
ΑΝΤΙΓΟΝΗ
ΑΥΤΟΛΥΚΟΣ
ΒΑΚΧΑΙ
ΒΕΛΛΕΡΟΦΩΝ
ΒΟΥΣΕΙΡΙΣ
ΔΙΚΤΥΣ
ΔΑΝΑΗ
ΣΩΦΙΓΕ...
ΕΛΕΝΗ
ΕΙΝΩ
ΕΚΑΒΗ
ΕΡΕΧΘΕΥΣ
ΕΥΡΥΣΘΕΥΣ
ΕΠΕΟΣ

ΚΡΗΤΕΣ
ΚΡΗΣΣΑ
ΚΡΕΣΦΟΝΤΗΣ
ΚΥΚΛΩΨ
ΛΙΚΥΜΝΙΟΣ
ΜΕΛΑΝΙΠΠΟΣ
ΜΗΔΕΙΑ
ΜΕΛΕΑΓΡΟΣ
ΦΙΝΕΥΣ
ΟΙΔΙΠΟΥΣ
ΟΡΕΣΤΗΣ

Dessiné par Vauthier.   Gravé par Laugier.

EURIPIDE.

LE JUGEMENT DE SALOMON.

EXAMEN

DES PLANCHES.

QUATRE-VINGT-ONZIÈME LIVRAISON.

PLANCHE PREMIÈRE.

POUSSIN (NICOLAS).

LE JUGEMENT DE SALOMON; *peint sur toile ; hauteur un mètre ou trois pieds ; largeur un mètre cinquante centimètres cinq millim. ou quatre pieds quatre pouces six lignes.*

VOICI comme Flavius Joseph rapporte l'anecdote qui fait le sujet de ce beau tableau. Je ne changerai rien à la naïve simplicité de son récit.

« Deux femmes de mauvaise vie vinrent trouver Salomon, dont l'une
» qui paraissait être fort touchée du tort qu'on lui avait fait, lui dit :
» *Cette femme, Sire, et moi demeurions ensemble dans la même chambre,*
» *et nous accouchâmes en même tems chacune d'un fils. Trois jours*
» *après, son enfant étant auprès d'elle, elle l'étouffa en dormant; et*
» *comme je dormais aussi, elle prit le mien qui était entre mes bras,*
» *et mit le sien en sa place. Lorsque je fus éveillée et que je voulus*
» *donner à téter à mon enfant, que je connais fort bien, je trouvai*
» *auprès de moi cet autre enfant mort. Alors je lui redemandai mon*
» *fils, mais elle n'a jamais voulu me le rendre, et s'opiniâtre à le*
» *retenir, parce que je n'ai personne qui me puisse assister pour l'y*
» *contraindre; c'est ce qui m'oblige, Sire, d'avoir recours à votre justice.*

» Après que cette femme eut ainsi parlé, le roi demanda à l'autre ce
» qu'elle avait à répondre. Elle soutint toujours hardiment que l'enfant
» qui vivait encore était à elle, et que c'était celui de sa compagne
» qui était mort. Nul de ceux qui se trouvèrent présens ne crut qu'on
» pût éclaircir de telle sorte une affaire si obscure qu'on pût en dé-
» couvrir la vérité, et le roi fut le seul qui en trouva le moyen. Il se
» fit apporter les deux enfans, et commanda à l'un de ses gardes de
» les couper par la moitié, et de donner également à chacune de ces
» femmes une partie de celui qui était vivant, et une partie de celui
» qui était mort. Ce jugement parut d'abord si puérile, que chacun
» dans son cœur se moquait du roi qui l'avait donné ; mais on ne tarda
» guères à changer d'avis. La véritable mère s'écria qu'*au nom de Dieu*
» *on n'en usât pas de la sorte, que plutôt que de voir mourir son fils,*
» *elle aimait mieux le donner à cette femme, et qu'on la crut en être*
» *la mère, puisqu'elle aurait au moins la consolation de savoir qu'il*
» *serait encore en vie.* L'autre femme au contraire témoigna de con-
» sentir volontiers à ce partage, et trouvait même un cruel sujet de
» joie dans la douleur de sa compagne. Le roi n'eut pas de peine à
» juger par cette diversité de sentimens que la nature était seule capable
» de leur inspirer, laquelle était la véritable mère. Ainsi il ordonna
» que l'enfant vivant serait donné à celle qui s'était opposée à sa mort,
» et condamna la malice de cette autre femme qui ne se contentait
» pas d'avoir perdu son fils, mais souhaitait de voir sa compagne
» perdre aussi le sien. Cette preuve de l'incroyable sagesse du roi le
» fit admirer de tout le monde, et on commença dès ce jour à lui obéir
» comme à un prince rempli de l'esprit de Dieu. »

En lisant attentivement ce fragment de l'histoire du peuple de Dieu,
il est facile de se convaincre que le Poussin l'a textuellement suivi
dans la composition de son tableau. Cette composition est sublime,
mais il est certain qu'avant de la trouver et de s'y arrêter, il éprouva
quelque gêne, qu'il fit plusieurs essais, et qu'il se conduisit comme
tous les hommes d'un grand mérite se conduisent en pareille cas ;
c'est-à-dire, avec cette défiance qu'ils ont toujours d'eux-mêmes, et à
laquelle cependant on doit tant de chefs-d'œuvres. On dirait qu'il eût
présent à l'esprit ce précepte de Boileau :

Vingt fois sur le métier remettez votre ouvrage.

En effet, le Musée Napoléon possède, et l'on trouve encore dans quelques collections d'amateurs, des dessins des premières pensées du Poussin pour ce tableau.

Je viens de dire que cette composition est sublime. Eh! comment lui refuser cet éloge, quand, après l'examen le plus scrupuleux, on s'est assuré que l'on n'y trouve rien à ajouter, ni rien à retrancher. Il est peu de sujets plus dramatiques. Le Poussin l'a traité en grand maître. Ce tableau réunit tous les caractères qui constituent la tragédie, le terrible, le pathétique, l'héroïsme, la grandeur et la noblesse.

Mon imagination active s'est plu souvent à entourer ce tableau de quelques-unes de ces excellentes mères, qui, jeunes encore, sont dans cette heureuse ivresse que fait éprouver les premières douceurs de la maternité. Regardez, leur disais-je, ou plutôt croyais-je leur dire, ces enfans que vous tenez dans vos bras, ces tendres objets de toutes vos affections : supposez un moment qu'ils vous fussent arrachés par la plus cruelle des injustices. Voilà votre juge. Vous entendez l'arrêt. Ce bourreau va l'exécuter. Que feriez-vous ? Soyez pour un moment actrices dans cette scène terrible, et n'écoutez que la nature. Je croyais les voir l'œil en pleurs, la pâleur sur le front, le sein gonflé de sanglots, céder à leur effroi, tomber aux pieds de Salomon ; les bras tendus vers lui, conjurer tout à-la-fois et la justice du monarque, et la pitié de l'exécuteur ; et c'est alors que je m'écriais : Quel Dieu révéla donc au Poussin tous les secrets de la tendresse maternelle ?

Mais c'est peu. En examinant l'immobile et froide impassibilité du monarque ; la terrible et criminelle énergie de la mauvaise mère ; l'innocente et naïve frayeur de cet enfant étranger, qui fuit et se réfugie sous le manteau de sa mère, pour se dérober au spectacle qui s'apprête ; la terreur et la compassion qui, sous tant de formes diverses, agitent les spectateurs ; l'attention profonde de ce sage de la cour de Salomon, qui, surpris d'un jugement en apparence si bizarre et si cruel, incertain sur l'issue de cette scène, semble chercher dans les yeux de son maître et quels motifs l'animent, et quel espoir le flatte ; c'est alors aussi que le Poussin paraît avoir fouillé dans tous les replis du cœur humain, et travaillé en présence de toutes les vertus et de toutes les passions.

Il est de ces chefs-d'œuvres des arts que l'on ne peut décrire sans s'abandonner à une sorte de désordre. Malheur à celui dont l'esprit,

à la vue de ce tableau, pourrait compasser des phrases, et s'asservir
à une régularité de description que le cœur de l'homme sensible
n'oserait jamais entreprendre. Par où commencer en effet ? quelle
marche suivre ? Si l'œil s'arrête sur cette mère infortunée, les larmes
inondent votre vue, tous les objets disparaissent. Ses anxiétés vous
pressent, ses tourmens vous accablent, ses craintes vous glacent. Elle
est si vraie dans sa pose, si touchante dans sa prière, si naturelle
dans ses alarmes. Vous entendez ses cris, ses gémissemens, ses sanglots.
Vous ne voyez qu'elle ; il semble que seule elle occupe le tableau tout
entier. Tout à coup le charme cesse ; c'est cette épouvantable mégère
qui vous frappe. Quelle force ! quelle expression dans ce geste ! Quelle
odieuse, quelle féroce joie dans ces regards qui semblent hâter le
bourreau de satisfaire à son infernal espoir ! Quelle coupable indifférence dans ce bras qui supporte son enfant mort, dont le crâne,
si ce fardeau lui échappe, peut se briser sur le marbre des pavés.
Comme les muscles de ce col sont contractés ! Quelle avidité, dans
toute l'habitude de ce corps, de s'élancer sur la proie qu'elle attend.
Ah ! furie, cesse de poursuivre mes regards ! Ce juge va parler. Je ne
vois plus que lui. Son génie a saisi la vérité, et le crime bientôt va
se voir confondu.

Toutes les figures sont admirables dans ce tableau, toutes sans
exception. Si c'est un chef-d'œuvre de composition, c'est un chef-d'œuvre
d'expression. Jamais le Poussin ne prodigua davantage toutes les richesses de son talent ; jamais il ne se montra plus digne de lui-même,
c'est-à-dire plus profond, plus penseur, plus soigné dans l'exécution,
et propriétaire d'un pinceau plus suave. Ce tableau sort de l'ancienne
collection des rois de France.

VALENTIN.

Dessiné par Duchesnois. Gravé par Ovelvens.

UN CONCERT.

Desˢ. par J. le Roy.   Gravᵉ par Godefroy fils

HOMMAGE À L'AMOUR.

PLANCHE II.

VALENTIN (Moise).

UN CONCERT ; *peint sur toile ; hauteur un mètre soixante-six centim.*
six millimètres ou cinq pieds cinq pouces.

DANS une chambre où quelques militaires se sont réunis pour
faire de la musique, une jeune fille les accompagne sur le clavecin,
tandis que trois jeunes gens chantent, et que leur père joue du violon.
Les trois autres personnages jouent de la flûte, de la guitare et de
la basse.

Ce tableau, d'une vigueur extrême de couleur et d'une exécution
très-soignée, assigne une place très-distinguée au Valentin parmi les
plus grands coloristes, et le met de pair avec son maître, Michel-
Ange de Caravage. Ce tableau vient de l'ancienne collection des rois
de France.

PLANCHE III.

LE SUEUR (Eustache).

VÉNUS, APOLLON ET MERCURE RENDANT HOMMAGE A
L'AMOUR ; *peint sur bois ; hauteur un mètre deux centimètres six*
millimètres ou trois pieds un pouce ; largeur deux mètres trente-quatre
centimètres deux millimètres ou sept pieds six pouces.

CE tableau fait suite à ceux de l'histoire de l'Amour, que nous
avons précédemment publiés, et que Le Sueur exécuta pour le président Lambert ; il a représenté dans celui-ci l'admission de l'Amour
au rang des Dieux. Il reçoit de Vénus l'arc et les flèches dont il doit
faire un si terrible usage ; Apollon lui remet le flambeau, et Mercure
lui présente son caducée. Il semblerait que l'artiste, par ce dernier
attribut, a voulu indiquer que l'Amour est le souverain moteur de
toutes les actions humaines. Cette idée serait ingénieuse et digne de
ce célèbre artiste.

PLANCHE IV.

OSTADE (Adrien van).

PAYSANS ET CHANSONNIERS AMBULANS; *peint sur toile; hauteur cinquante-huit centimètres huit millimètres ou un pied neuf pouces six lignes; largeur cinquante-un centimètres trois millimètres ou un pied six pouces neuf lignes.*

A la porte d'une chaumière, des paysans, hommes et femmes se sont réunis pour boire et fumer. Un chansonnier ambulant jouant du violon, accompagné d'un enfant qui joue de la vielle, se sont arrêtés pour les divertir et gagner quelque monnoie. Il paraît que cette musique a produit son effet, car l'un des paysans propose à une femme de danser avec lui, tandis qu'un autre, à la porte de la chaumière, tenant un pot de bierre, semble porter une santé à ses camarades.

Ce tableau, d'une exécution charmante et de la plus belle conservation, vient de l'Allemagne, et faisait partie de l'exposition de la conquête de 1806.

PLANCHE V.

HEYDEN (Jean Van der).

EGLISE ET PLACE D'UNE VILLE DE HOLLANDE; *peint sur bois; hauteur quarante-quatre centimètres ou un pied quatre pouces; largeur cinquante-six centimètres sept millimètres ou un pied huit pouces neuf lignes.*

VAN DER HEYDEN a représenté, dans ce charmant tableau, une église, dont l'une des façades latérales décore une place d'une petite ville ou d'un gros bourg de Hollande. Quelques voyageurs nous ont assuré que c'était l'église de Heuskerk, près de Harlem. La Martinière cependant n'en fait pas mention. Des arbres, quelques personnages qui s'occupent de divers travaux, un paysan à cheval, des maisons

N.° 644.

Ecc^{le} Flam^{de}.

Dess. par Giroid.

Grav. à l'eau-forte par Chataigner.

Ter. par Niquet.

PAYSANS ET CHANSONNIERS.

EGLISE ET PLACE D'UNE VILLE DE HOLLANDE.

Dessiné par C.Vauthier.   Gravé par V.ve Dague.

APOLLON AU GRIFFON.

sur le premier plan , dans le fond une longue ligne d'habitations plus ou moins importantes , animent et complètent ce paysage. Les figures et les arbres sont de la main d'Adrien Van den Velde, ami de Van der Heyden , et lui-même peintre justement célèbre. Ce concours de deux talens aussi recommandables ajoute un grand prix à ce tableau. Van der Heyden réussissait parfaitement à peindre l'architecture, mais il était moins fort quand il fallait peindre les arbres ; le feuillé en était maigre et grèle, et rarement il savait les mettre en harmonie avec les édifices. Ici , grâce à l'union de ces deux amis, tout est d'accord , et ce tableau peut être considéré comme un chef-d'œuvre dans ce genre. C'est aussi l'un des plus beaux de ce maître , parmi ceux que possède le Musée Napoléon , quoique en général il n'en soit aucun qui ne soit digne de la réputation de cet habile homme.

On doit celui-ci aux conquêtes de 1806.

PLANCHE VI.

APOLLON AVEC LE GRIFFON. — GROUPE.

CE groupe sort du Musée du Capitole. Il est de marbre pentélique, et fut découvert dans le territoire de Tivoli , près d'un étang d'eau sulfureuse, connue sous le nom de *Zolfatara.*

Le sculpteur a donné à ce Dieu des beaux arts, la même attitude que celle de l'Apollon Lycien. Il semble s'abandonner au repos, après avoir accompagné sa voix des sons mélodieux de sa lyre. Son bras droit est nonchalament posé sur sa tête, et le gauche soutient sa lyre divine, qui est appuyée sur le tronc d'un laurier, que la chlamyde de ce Dieu , négligemment jetée sur son bras , dérobe à la vue. Le griffon est à ses pieds. Cet animal, dont la croupe s'appuie contre le tronc de l'arbre, a la patte droite levée, et son regard perçant est fixé sur la figure d'Apollon; il semble attendre les ordres de ce Dieu, dont il est ici l'attribut.

Cette figure est entièrement nue. Il règne un sentiment mélancolique dans les traits du visage. Cette mélancolie est peut-être la suite naturelle de l'impression profonde que les sons de sa lyre ont faits sur son ame ; il vient de chanter ses amours. On peut le supposer du moins, il brille de tout l'éclat de la jeunesse.

Le sculpteur, en donnant cette sorte d'expression à cette tête, a pu peut-être avoir une autre intention. La fable veut qu'Apollon dans sa jeunesse, furieux de ce que Jupiter avait foudroyé Esculape, son fils, massacra les Cyclopes qui avaient forgé le foudre dont le maître des Dieux s'était servi. On sait que Jupiter irrité de cette audace, exila Apollon sur la terre. Il se réfugia chez Admète, roi de Thessalie, dont il garda, dit-on, les troupeaux. Il passa ensuite chez Laomédon, où, de concert avec Neptune, il construisit les murs de Troye. Ce fut après ces travaux qu'il parvint, par les douceurs de l'amour, à se consoler de la longueur de son exile. Mais l'amour ne le rendit pas toujours heureux, et c'est peut-être le double sentiment de l'ennui de sa disgrâce, et du chagrin que lui faisaient éprouver les rigueurs de ses maîtresses, que le statuaire a voulu indiquer par cette espèce de langueur mélancolique qu'il a répandue sur les traits de ce Dieu.

Le griffon que l'on voit dans ce groupe, est l'attribut d'Apollon delphique. Apollon avait plusieurs temples, où les payens allaient consulter ses oracles. Les plus célèbres étaient ceux de Delos et de Delphes. Les peuples de l'antiquité avaient un tel respect pour ce Dieu, et redoutaient tellement sa colère, que les Perses, en faisant la conquête de Delos, n'osèrent s'emparer des immenses richesses renfermées dans son temple.

Celui de Delphes jouissait d'une égale célébrité. On prétendait qu'il avait été fondé par les peuples Hyperboréens, dont les contrées, à ce que l'on croyait, fourmillaient de griffons, et c'est par cette raison que toutes les fois que les anciens ont voulu représenter l'Apollon qu'on adorait à Delphes, ils l'ont fait accompagner du griffon.

On doit cette statue au traité de Tolentino.

LE REPAS CHEZ LE PHARISIEN.

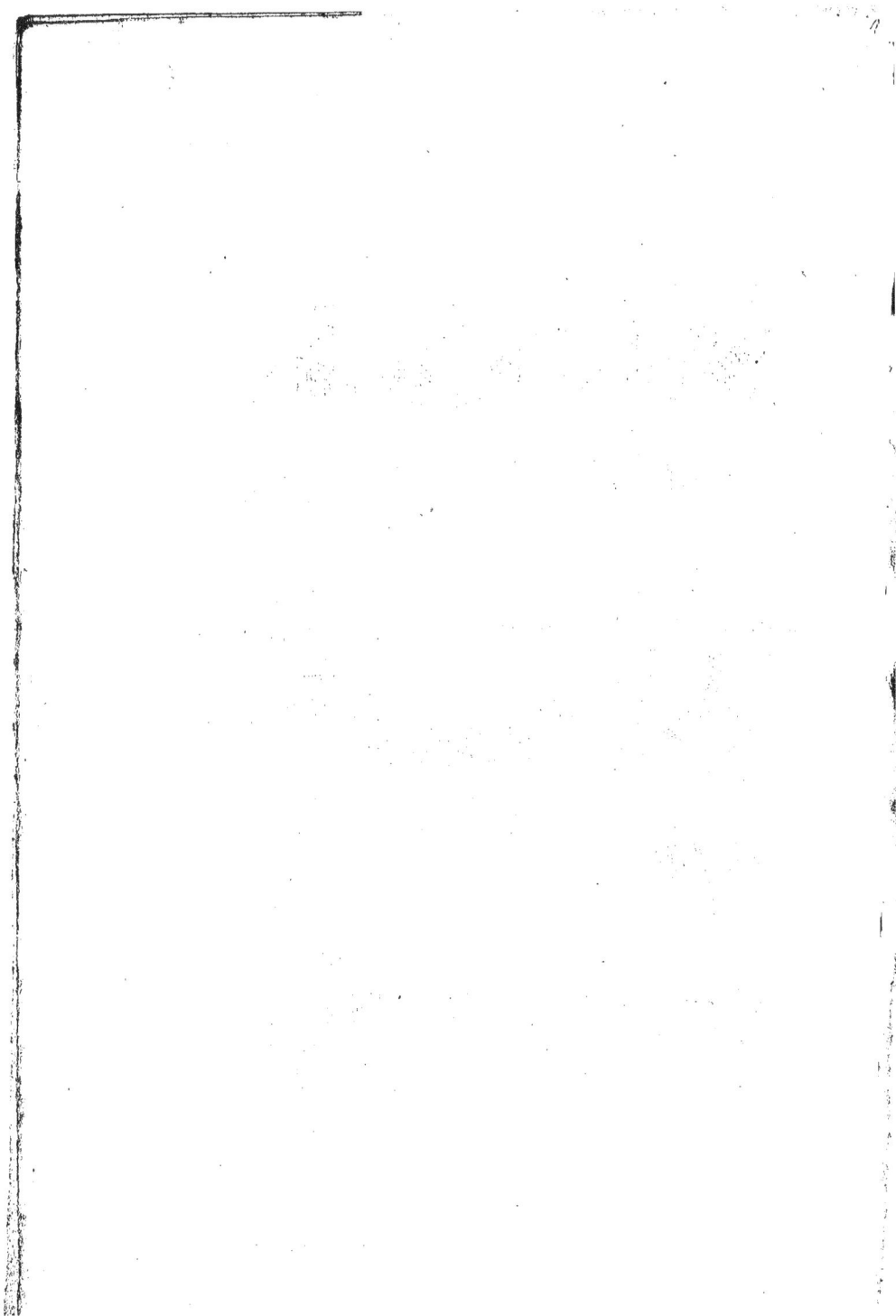

EXAMEN

DES PLANCHES.

QUATRE-VINGT-DOUZIÈME LIVRAISON.

PLANCHE PREMIÈRE.

CHAMPAIGNE (PHILIPPE DE).

LE REPAS CHEZ SIMON LE PHARISIEN ; *peint sur toile ; hauteur deux mètres quatre-vingt-six centimètres ou huit pieds six pouces six lignes ; largeur quatre mètres quarante-sept centimètres ou treize pieds six pouces.*

LE nouveau Testament est une mine féconde en sujets favorables à la peinture, où les peintres de grandes machines ont souvent puisé. L'Adoration des Mages, l'Entrée dans Jérusalem, les divers épisodes de la Passion, de la Résurrection, de l'Ascension, ont également souri aux artistes les plus célèbres comme aux plus médiocres ; mais parmi ces sujets religieux, ceux qui surtout ont le plus généralement occupé le génie des peintres, sont les Noces de Cana, la Cène, le Repas chez Lévi, la Madelaine chez le Pharisien. Il était jadis peu de réfectoires de religieuses ou de moines où l'on ne rencontrât quelques-uns de ces derniers sujets, plus ou moins bien traités. La somptuosité de ces repas, la magnificence réelle ou présumable des salles de festin, la multitude de personnages que ces scènes comportent, devaient offrir des attraits puissans à l'imagination du peintre ; et si

du côté de l'expression ces scènes lui présentaient peut-être moins
de ressources, du côté de la grandeur de l'ordonnance, elles étaient
du moins de nature à le séduire.

Cependant, la Madelaine chez le Pharisien sort de cette hypothèse.
Ici l'expression peut s'unir à la magnificence. Si dans ce sujet le peintre
peut déployer tout ce que le faste et l'opulence offrent de moyens à
la richesse de son pinceau, il peut également donner carrière à toute
la sensibilité dont son ame est susceptible. Sur quel objet réussira-t-il
jamais à répandre les charmes de l'expression, s'il n'est pas inspiré
par cette femme, dont les grâces et la beauté sont encore si célèbres
après tant de siècles ; s'il reste sans chaleur lorsqu'il faut la représenter
dans le désordre de la douleur, inondée de larmes, accablée sous le
repentir, et implorant le pardon de tous les hommages qu'on lui rendit,
de tous les vœux qui lui furent adressés, de tout l'empire que la
nature lui donna sur les cœurs? Sur quelle tête réussira-t-il à graver
la noblesse, la clémence, la touchante et paternelle indulgence, s'il
refuse le caractère de ces vertus à celle du Christ, qui dans ce moment exerce la plus belle prérogative de la divinité ; c'est-à-dire celle
de pardonner? S'agit-il des passions qui dégradent l'humanité? Eh! cette
infâme avarice qui suggère à Judas de s'indigner de la prodigalité de
cette femme, et de regretter la perte des parfums dont elle vient
d'inonder les pieds d'un maître que le perfide disciple médite déjà
de trahir ; cette avarice, dis-je, n'ouvre-t-elle pas un large champ au
peintre d'expression ? Si une pareille scène était froidement rendue,
ce serait donc la faute du peintre et non celle du sujet. Voyons maintenant de quelle manière Philippe de Champaigne l'a traitée.

Dans une vaste salle, dont un portique décore le fond, la table du
festin est dressée. Elle est entourée des convives de Simon, couchés
sur des lits, suivant l'usage de quelques peuples de l'antiquité. Ceux
qu'occupent le Christ et le maître du palais sont sur le devant, et
se distinguent par leur forme élégante et riche. Le Christ est à gauche
du tableau. La Madelaine est sur le premier plan. Elle est presque
prosternée. Sa tête est amoureusement penchée sur le pied gauche
du Sauveur, qu'elle soutient de ses deux mains, et qu'elle enveloppe
de ses beaux cheveux, pour essuyer le parfum dont elle vient de le
couvrir. Le vase qui contenait le parfum est par terre devant elle.
Déjà le Sauveur lui a pardonné, et semble expliquer à l'assemblée

les motifs de son indulgence. « Beaucoup de péchés, dit-il, lui sont
» remis, parce que sa confiance est grande ». L'action de cette femme
et les paroles du Christ ont attiré l'attention de tous les spectateurs,
et tous expriment diversement les sentimens que leur fait éprouver
une circonstance aussi extraordinaire. C'est alors que Judas a quitté
sa place, et debout, derrière Simon, indique par un geste son indignation de la perte d'un parfum aussi précieux. En général, les
mouvemens de chacun des personnages sont conformes à la vérité et
à la nature. Le geste d'un seul me paraît équivoque, ou pour mieux
dire, inconvenant et peu digne de la gravité d'une semblable scène.
C'est celui de ce jeune homme, qui, le doigt sur la bouche, semble
regarder malicieusement la Madelaine. L'auteur a-t-il voulu indiquer
par là la légèreté ordinaire à cet âge, toujours prompt à juger sur
les apparences, et à interpréter, au gré des passions qui le tour-
mentent, les actions dont il ne pénètre pas les motifs. Ce geste an-
nonce-t-il l'ironie ? ce serait dans le peintre une faute de réflexion. Elle
affaiblirait le respect que les personnages doivent inspirer. Indique-t-il
un soupçon insultant pour le Christ, relativement à l'intelligence qui
semble établie entre lui et cette belle juive ? alors, ce serait supposer
au peintre l'oubli de toutes les convenances, et cette opinion ne serait
pas soutenable à l'égard de Philippe de Champaigne, qui joignait la
politesse à un caractère très-religieux. Il vaut mieux penser qu'il n'a
point réfléchi aux interprétations que l'on pourrait donner à ce geste,
et qu'il est simplement l'effet de la variété qu'il a voulu répandre
dans l'expression des différentes figures. Son véritable inconvénient,
c'est qu'elle est d'une nature peu noble, qu'elle est inutile à l'intelligence de la scène, et que par son inutilité même, elle dépare le
tableau plus qu'elle ne l'embellit.

Sous le rapport de l'exécution, il fourmille de beautés. La Madelaine, le Christ et le Pharisien sont admirablement peints. Quelques
têtes d'Apôtres sont également remarquables. En général, c'est un
bon tableau de cet habile maître. Au reste, il est évident qu'il a été
gêné par l'espace qu'il avait à remplir. Cela a nui à la distribution
de ses figures, dont plusieurs sont plutôt entassées que coordonnées.
Il en résulte que les plans ne se distinguent pas facilement.

Il fut exécuté pour un monastère de Paris. Il était cintré par le
haut avant qu'il fût exposé dans la galerie du Sénat, après avoir été

restauré avec beaucoup de soin par M. Naigeon , conservateur de cette galerie.

PLANCHE II.

LE SUEUR (Eustache).

VOYAGE A LA CHARTREUSE ; *peint sur toile ; hauteur deux mètres ou six pieds ; largeur un mètre trente-trois centimètres quatre millim. ou quatre pieds.*

Ce beau tableau est le dixième de cette belle suite connue sous le nom de Cloître des Chartreux. Nous en avons déjà publié plusieurs.

Nos lecteurs se rappelleront, que, dans le nombre de ceux que nous avons mis au jour, il en est un où Saint Bruno, arrivant à Grenoble avec ses compagnons, est représenté prosterné aux pieds de Saint Hugues, évêque de cette ville, qui le reçoit à la porte de son palais. Le motif de la visite de Saint Bruno est d'engager cet évêque à lui concéder un territoire dans son diocèse où il puisse faire construire un monastère afin de s'y retirer avec ses disciples. Saint Hugues, pour remplir les vues de Saint Bruno, et concourir autant qu'il est en lui à lui procurer un lieu entièrement convenable à la vie érémitique qu'il se propose, a fait choix d'un désert que l'on nommait dès lors Chartreuse. Le voyage qui fait le sujet du tableau que nous allons décrire, est donc entrepris par les deux Saints pour que le fondateur des Chartreux s'assure par lui-même si le territoire qu'on lui destine lui convient.

Dans un paysage formé de rochers arides et escarpés , circule un chemin qui, dans ses sinuosités, semble avoir été taillé dans le roc. Sur le devant, ce chemin paraît descendre dans un ravin profond, et remontant ensuite sur le revers, va se perdre entre deux rochers qui bornent l'horizon. Quelques troncs d'arbres que les vents ont brisés , quelques pins, quelques mélèses qui s'élèvent à travers les anfractuosités des rochers sont les seuls végétaux que l'on aperçoive. Quelques hommes à cheval, d'autres à pied, dont les uns servent de guides, et dont les autres sont peut-être des valets de l'évêque, si l'on peut en juger par les ballots qu'ils portent sur leurs épaules, forment

Def.ᵗ par Bourdon.   Grav.ᵉ à l'Eau-forte par Chataignier.   Ter.ᵗ par Dambrun.

VOYAGE A LA CHARTREUSE.

ESTAMINET.

l'avant-garde de cette espèce de caravanne. Sur le devant du tableau on aperçoit le groupe principal. C'est dans ce groupe que se trouvent Saint Hugues, Saint Bruno, et deux autres religieux. On reconnaît Saint Hugues, au chapeau dont il est coiffé. Il s'entretient familièrement avec Saint Bruno. Sur un plan encore plus rapproché, un homme à pied, que l'on ne voit qu'à mi-corps, parce qu'il est à moitié caché par un rocher, tient entre ses bras un manteau qu'il vient sans doute de ramasser.

Cette belle composition est pleine de vie et de mouvement. Tous ces personnages marchent bien. L'expression de chacun d'eux est pleine de justesse. Que l'étonnement qu'inspire un pareil site est bien rendu par le geste du religieux qui se trouve à la gauche de l'évêque, tandis que rien ne semble distraire les deux Saints des objets sérieux sur lesquels roule leur entretien!

Ce tableau est exposé dans la belle galerie du Sénat Conservateur.

PLANCHE III.

TENIERS (DAVID).

UN ESTAMINET ; *peint sur bois ; hauteur trente-trois centimètres trois millimètres ou un pied; largeur cinquante-deux centimètres ou un pied sept pouces.*

NOUS avons déjà publié plusieurs tableaux de ce grand peintre, consacrés à de semblables sujets; mais peut-on résister au plaisir de faire connaître tout ce que le fécond et délicieux pinceau de cet habile homme a produit? Partout il est nouveau ; partout il semble avoir pris la nature sur le fait. On lui a reproché d'avoir choisi ses modèles dans les cabarets. L'envie qui tourmente les hommes célèbres pendant leur vie, et qui s'attache encore après leur mort à leurs chefs-d'œuvres pour affaiblir leur réputation, a fait grand bruit d'un mot que peut-être elle a gratuitement prêté à Louis XIV : « Que l'on » ôte d'ici ces magots », fait-on dire à ce monarque. Qu'est-ce que cela prouve, en supposant que ce mot ait été dit? c'est que Louis XIV ne se connaissait point en peinture, ou qu'il accordait sa confiance à quelque peintre jaloux, qui lui soufflait un pareil jugement pour humilier un artiste dont la supériorité lui déplaisait. Qu'importe au reste la trivialité de son genre ? faut-il que l'homme mette de la morgue jusque dans ses jouissances. Les tableaux de Teniers sont-ils moins des chefs-d'œuvres, parce que l'orgueil de quelques personnes les regardera avec dédain ?

Teniers a représenté dans celui-ci deux flamands assis devant un petit escabeau sur lequel est un réchaud de terre rempli de braise, et occupés à charger et à allumer leurs pipes. L'un d'eux, c'est un roulier sans doute, est vêtu d'une longue et large blouse blanche, et semble regarder le spectateur. L'autre est vêtu en villageois. Près d'eux est une grande cruche de bierre. Dans le fond, quatre autres paysans, groupés devant la cheminée, boivent et fument. Quelques ustensiles de ménage sont épars çà et là dans cette salle rustique.

Ce tableau, d'un faire charmant et de l'effet le plus piquant, est dû aux conquêtes de 1806.

PLANCHE IV.

VYNANTS (JEAN).

UN PAYSAGE; *peint sur toile ; hauteur un mètre seize millimètres ou trois pieds six pouces ; largeur un mètre quarante-neuf centimètres trois millimètres ou quatre pieds six pouces.*

DE tous les tableaux de ce célèbre paysagiste que nous avons vus dans nos voyages ou que possède le Musée Napoléon, celui-ci est sans contredit le plus remarquable, sous le rapport de l'exécution et sous celui de la couleur. C'est évidemment une vue prise d'après nature. On ne peut s'y méprendre ; on ne compose point comme cela.

Vynants a peint ici l'entrée d'une vaste et antique forêt. De vieux chênes, victimes du tems, outragés et mutilés par les vents et les orages, dépouillés de leur écorce et de leurs feuilles, bordent la lisière de cette forêt ; et à la vigueur végétative des plantes parasites qui croissent autour d'eux, on reconnaît aisément que leurs troncs énormes n'épuisent plus le sol où se cachent encore leurs racines expirées. Un chemin tortueux traverse ce paysage. Vynants pria son ami

Dessiné par Coiard.

Gravé par Coualier.

PAYSAGE.

LE MARÉCHAL FERRANT.

Van-den-Velde de peindre les figures qui peuplent ce tableau, et toutes ont ce caractère spirituel que cet artiste également célèbre a répandu sur toutes celles qui sont sorties de son pinceau. Ici ce sont deux chasseurs assis, entourés de leurs chiens. Plus loin, des pâtres qui conduisent des troupeaux. Dans l'enfoncement, une petite charette attelée d'un cheval, et deux voyageurs à pied. A l'horizon, les tours d'une ville ou d'un château.

Ce beau et précieux paysage fut rapporté de Hollande, il y a environ trente ans, par l'un de nos plus estimables négocians en objets d'arts, M. Paillette père, actuellement commissaire au Mont-de-Piété. Il le paya une somme très-considérable, et le céda à son retour à M. le comte d'Angivillers, pour la collection des rois de France.

PLANCHE V.

WOUVERMANS (Philippe).

LE MARÉCHAL FERRANT; *peint sur bois; hauteur trente-trois centimètres trois millimètres ou un pied; largeur trente-huit centim. cinq millimètres ou un pied deux pouces.*

Ce petit tableau est considéré comme l'un des chefs-d'œuvres de ce peintre célèbre. Cette scène rustique est pleine de vie, de chaleur et de mouvement. Le paysage est agréable et bien choisi. Les figures ont de la noblesse et sont vêtues avec grâces. La couleur en est chaude et n'a point ce ton un peu bleuâtre auquel l'auteur était quelquefois sujet. Les effets de lumière sont harmonieux, chose remarquable, parce que dans quelques autres de ses tableaux, surtout dans ceux de son premier tems, ou peut leur reprocher quelque crudité.

Celui-ci représente la maison villageoise d'un maréchal ferrant placée sur une grande route, et sans doute à l'entrée d'un bourg. Quoiqu'assez solidement bâtie, elle est couverte en paille, chose assez rare dans le pays de Wouvermans; c'est-à-dire dans les environs d'Harlem, sa ville natale, et dont il ne sortit jamais. Au haut de la cheminée, l'on aperçoit le nid de la cigogne, protectrice des pénates. Le fréquent passage des voyageurs procure sans doute beaucoup d'ouvrage à ce maréchal, si l'on peut en juger, du moins, par le nombre de garçons employés à la forge. Un cavalier vêtu à l'espagnole, portant une écharpe et une épée, coiffé d'un chapeau à retroussis orné de plumes, a mis pied à terre à la porte de la forge, et fait visiter par le maître les fers de son cheval, et attend pour continuer sa route que cet examen soit fait. Près de-là, des garçons maréchaux viennent de placer un autre cheval dans le travail. Un d'eux lui met un morillon, tandis que l'autre, avec une flamme, lui perce quelque abscès qu'il a dans la bouche. Plus loin, on aperçoit sur la route un autre cavalier couvert d'un manteau, qui précède une petite charrette attelée d'un cheval, conduite par deux hommes, dont l'un est à pied, et l'autre, le fouet à la main, est assis sur la marchandise dont la voiture est chargée. Sur le devant, différens groupes d'enfans qui jouent; un de ces enfans a attelé une chèvre à un petit chariot, dans lequel est couché son jeune frère encore au maillot. Différens animaux de basse-cour épars çà et là achèvent d'animer ce charmant tableau.

On le doit aux conquêtes de 1806.

PLANCHE VI.

FLORE. — STATUE.

CETTE statue de marbre pentélique fut découverte à Tivoli, dans les fouilles que l'on fit à la *Villa Adriana*. Le pape Benoît XIV la fit placer dans le Musée du Capitole, d'où le nom de *Flore du Capitole* lui est resté.

La tête de cette figure est couronnée de fleurs; elle en tient également quelques-unes dans la main gauche, et ces attributs ont sans doute déterminé les antiquaires à reconnaitre dans cette statue l'effigie de la Déesse du printems. Cette statue pourrait être aussi celle de Flora, femme célèbre par l'amour qu'elle conçut pour le grand Pompée. Cecilius Metellus avait fait peindre cette romaine, et son portrait fut placé dans le temple de Castor et Pollux. Lactance prétend qu'elle fit le peuple romain héritier de ses immenses richesses, à condition que sa fète serait célébrée tous les ans par des jeux, et que le Sénat, pour en relever la dignité, plaça cette Flora au rang des Dieux; mais Lactance se trompe, les Romains reçurent le culte de Flore des Sabins, qui eux-mêmes l'avaient tiré des Grecs.

dolique.

Dessiné par Paulhier.

Gravé par Lignon.

FLORE.

EXAMEN

DES PLANCHES.

PLANCHE PREMIÈRE.

SANTERRE (JEAN-BAPTISTE), né à Magny près Pontoise en 1654, mort à Paris en 1717, fut élève de l'aîné des BOULOGNE.

SUZANNE AU BAIN ; *peint sur toile ; hauteur deux mètres six cent quatre millimètres ou six pieds deux pouces six lignes ; largeur un mètre quarante-sept centimètres deux millimètres ou quatre pieds cinq pouces six lignes.*

CE tableau a de la célébrité dans l'école. Il mérita que Porporati le choisît pour son morceau de réception à l'Académie de peinture, et sa gravure passe pour la meilleure de toutes celles que l'on a faites d'après cet ouvrage de Santerre.

Si l'on révoquait en doute que l'aptitude au travail, une volonté forte, une opiniâtreté constante, font triompher de toutes les difficultés, les succès de Santerre décideraient la question, et ce serait un exemple dont on ne pourrait repousser l'autorité. La peinture ne semblait pas être l'art auquel il fût appelé. Il n'avait reçu de la nature aucune des dispositions nécessaires pour s'y rendre célèbre. Il ne possédait ni le génie de la composition , ni cette chaleur de l'ame qui donne la vie aux passions, ni cette finesse d'esprit dont dépend le choix, la variété et souvent la noblesse des expressions. Il parvint néanmoins à vaincre tous les obstacles, et s'il ne fut ni fécond, ni brillant, du moins il ne produisit point d'ouvrages que leur médiocrité mît dans le cas d'être repoussés. Mais son succès eut une autre cause encore non moins honorable pour lui, c'est qu'il fut assez sage pour borner son ambition, pour avoir la juste mesure de ses forces, et pour n'entreprendre jamais que ce qu'il sentait pouvoir faire, et bien faire. C'est à cette modération, fondée sur la connaissance qu'il avait de la nature de son talent, qu'il faut attribuer l'espèce de répugnance qu'il avait à se livrer aux tableaux d'histoire. Il s'adonna de préférence au portrait, et y réussit complètement.

Le tableau que nous publions se trouve bien renfermé dans le cercle que l'auteur s'était prescrit. Il y a peu de mouvement, peu de chaleur, peu d'expression. Il n'est composé que de trois personnages, parce que le sujet n'en comporte pas davantage ; et c'est peut-être à cause de cela qu'il l'a choisi. La figure principale est sans passion. Les deux vieillards, dont les figures exigent plus d'expression, sont dans l'ombre, et il est facile de voir qu'il a arrangé sa composition de la manière la plus favorable à son genre de talent.

L'anecdote de la Chaste Suzanne est trop connue pour avoir besoin de la retracer. L'histoire, l'éloquence, la poésie, la peinture s'en sont tour-à-tour emparés. Il n'est pas jusqu'au théâtre qui n'ait traduit cette belle juive sur ses tréteaux. Santerre a représenté la fille d'Helcias, l'épouse de l'opulent Joachim, sortant du bain. Près d'elle est un vase de parfums, dont elle va faire usage. Le calme le plus profond règne dans toute l'habitude de son corps. Sa tête respire l'innocence et la candeur. Elle se croit seule. Elle est convaincue que nul mortel ne peut pénétrer dans le jardin ; elle jouit en paix du calme que l'onde vient de lui procurer, et ne se presse point de reprendre ses vêtemens. Dans le fond, l'on aperçoit les deux vieillards. Ils marchent avec précaution ; ils s'avancent à la dérobée, et leur œil plonge de loin sur les appas qu'ils convoitent. L'expression de leurs traits est assez vraie. Ils pourraient être plus âgés, relativement à la vérité historique, le premier des deux surtout : cet homme n'a pas soixante ans.

Le Dictionnaire des Arts, en faisant l'éloge de Santerre, dit que « dans ses ouvrages, ce qui n'est pas un faible mérite, toutes les

» parties se conviennent entr'elles, sont au même degré, et concourent
» à former l'accord du tout-ensemble. » Le tableau que nous examinons,
l'un des plus célèbres de ce peintre, contredit évidemment cet éloge.
Ici, toutes les parties sont loin de concourir à former l'accord du
tout-ensemble. Si l'on se donne la peine de prendre la figure principale pour échelle de proportion, on verra que cette figure est colossale,
relativement aux vieillards, aux fabriques, aux arbres du paysage.
Ces différentes parties forment donc un disparate entr'elles, et dès-lors
il n'y a plus d'accord. Ce tableau pêche donc par l'harmonie. Je dis
harmonie, tel que l'entend le célèbre Mengs, « appartenant selon lui
» aux choses qui ont une mesure, soit de tems, de quantité, d'*extension*
» ou d'une *dimension* quelconque, qui puisse former rapport d'une
» *partie avec une autre.* »

Malgré ce juste reproche, l'exécution de ce tableau est parfaitement
soignée. Sans être vigoureux, le dessin est correct. Les formes sont
gracieuses, le pinceau agréable ; et ce fut à ce mérite justement apprécié
que Santerre dût son admission à l'Académie en 1704. Il serait dési-
rable peut-être que, dans ce tableau plus de pompe dans le paysage,
plus de luxe dans les fabriques, indiquassent davantage que la scène
se passe à Babylone, dont le nom seul réveille les idées de faste et
de grandeur. Joachim était un particulier riche, un homme dans
l'opulence : et l'on sait assez ce que l'on doit entendre par opulence
asiatique.

C'est par erreur que le Dictionnaire de Watelet donne pour maître
à Santerre, Bon Boullogne. Ils étaient à-peu-près du même âge, ce
dernier étant né en 1649, et moururent tous deux la même année.
Ils furent camarades d'école, et étudièrent ensemble sous Louis Boullogne le père, artiste estimable, mais moins habile que Bon son fils
aîné, qui eut pour frère un peintre qui s'appelait également Louis
comme leur père.

4

PLANCHE II.

FABRICIUS (CARLE).

SAINT PIERRE CHEZ CORNEILLE LE CENTENIER; *peint sur toile; hauteur quatre-vingt-dix centimètres six millimètres ou deux pieds neuf pouces; largeur un mètre dix-sept centim. quatre millim. ou trois pieds six pouces six lignes.*

LE sujet de ce tableau est tiré des Actes des Apôtres. Le Centenier Corneille commandait dans Césarée une cohorte de la légion italique. Cet homme avait embrassé le christianisme. Il donnait tous ses jours à la prière, et suppliait constamment le Seigneur de lui inspirer comment il devait se conduire pour marcher *dans la Voie du Salut*. Un Ange lui apparut, et Corneille, pour obéir aux ordres qu'il en reçut, envoya à Joppé un soldat de sa cohorte et deux de ses domestiques, pour inviter le Prince des Apôtres à se rendre à Césarée. Il ne leur fut pas difficile de déterminer Saint Pierre à les suivre, parce que déjà, dans trois visions, il avait été prévenu qu'il devait faire ce voyage.

Le peintre a représenté l'instant où Saint Pierre est reçu dans la maison du Centenier. L'épouse de Corneille suivie de ses enfans et de ses serviteurs, s'est présentée à l'Apôtre, s'est prosternée à ses pieds, et a été imitée par quatre jeunes filles et un jeune garçon que l'on voit à genoux derrière elle. Elle tient devant elle son plus jeune enfant, sur lequel elle semble appeler la bénédiction de Saint Pierre. Le reste des personnages est debout. L'Apôtre, la main gauche appuyée sur une table couverte d'un riche tapis, a la main droite étendue au-dessus de la tête de l'enfant, et dans cet instant le Saint-Esprit descend sur cette famille. Saint Pierre est pieds nuds. Il est revêtu d'une grande toge blanche. A sa droite est un de ses compagnons de voyage. Dans le fond, à travers un portique et dans une salle extérieure, on aperçoit une domestique qui prépare la table du banquet.

Cette scène est assez bien composée. L'expression des figures est assez vraie, mais en général elles manquent de noblesse et de ce que l'on appelle le beau idéal.

Peint par Ph. de Loutherbourg.   Gravé par Ostervaut.

S.ᵗ PIERRE BENIT LA FAMILLE DE CORNEILLE.

Def par Casanove.   Grave a l'eau forte par l'historien :   Tire par Vilain.

PAYSAGE ET ANIMAUX.

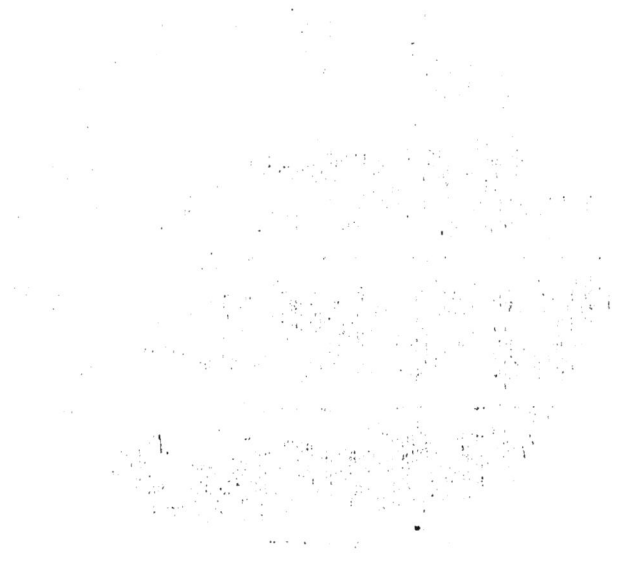

Il est dans ce tableau un autre défaut non moins important. C'est un vice de perspective. Le peintre ayant placé le point de vue trop haut, il en résulte que le plan sur lequel les figures sont disposées ne paraît point parallèle à celui de l'horizon, et que l'apparence des carreaux dont la salle est pavée est dans ses dimensions trop semblable au géométral. Le tems a rendu ce défaut plus sensible encore : soit par l'effet inévitable de ses ravages, soit par la mauvaise qualité des couleurs, il est certain que l'harmonie que l'auteur avait donnée à son tableau est détruite, du moins en partie. Il est arrivé delà que l'opposition des carreaux blancs et noirs, devenue aujourd'hui trop tranchante, ils ne paraissent plus fuir vers le fond comme l'exige les lois de la perspective.

Au reste, en rapprochant ce tableau de celui du même maître que nous avons publié dans la 71.ᵉ livraison de cet ouvrage, il est facile de se convaincre qu'il n'était que faiblement appelé à représenter des sujets historiques, et que son véritable talent le portait à traiter des scènes familières.

On doit ce tableau aux conquêtes de 1806.

PLANCHE III.

ÉCOLE FLAMANDE.

UN PAYSAGE; *peint sur toile ; de forme circulaire.*

L'AUTEUR de ce joli tableau ne nous est pas assez connu, pour le nommer d'une manière affirmative ; et en l'attribuant à tel ou tel peintre, nous pourrions induire nos lecteurs en erreur.

Au reste, quel qu'en soit l'auteur, ce tableau ne peut être que l'ouvrage d'un habile paysagiste. La couleur en est aimable, les figures spirituelles, les animaux bien touchés. Au pied d'un rocher escarpé, dont la masse fuit et s'abaisse vers l'horizon, et dont la cime est ombragée de quelques arbres, le peintre a représenté une baraque ou hutte construite en roseaux, qui, dans cette espèce de désert, sert d'asile à une famille de pâtres, et de retraite aux bestiaux dont la garde leur est confiée. La mère, une houlette sous le bras, est assise, et le dos appuyé contre l'une des parois de la chaumière, s'est endormie. Un pâtre est à ses côtés, couché par terre, et vêtu d'une peau de mouton dont le poil est en dehors, badine avec un chien qui le caresse. Un peu plus loin, un petit garçon joue à l'entrée de la cabane. Des bœufs, des chèvres, des brebis, des béliers, animent ce paysage, et sont représentés avec beaucoup de vérité.

On le doit aux conquêtes de 1806.

PLANCHE IV.

VAN BLOEMEN (JEAN-FRANÇOIS).

UN PAYSAGE; *peint sur toile; hauteur un mètre ou trois pieds; largeur un mètre trente-neuf centimètres huit millimètres ou quatre pieds deux pouces six lignes.*

Ce tableau est un de ceux qui doit faire le plus d'honneur à cet aîné de la famille des Bloemen. Le site est bien choisi; les masses d'arbres en sont belles et bien feuillées. Les fabriques nobles et artistement disposées pour l'effet.

Dans le fond d'une vaste plaine, on aperçoit des tours, des portes, des murs et des toits d'édifices, qui sans doute appartiennent à une grande ville, dont on ne découvre cependant qu'une partie. Au-delà s'élève une montagne assez escarpée, au pied de laquelle coule le fleuve dont les eaux baignent les murailles de la ville, et dont le cours limpide s'aperçoit à travers cette masse de grands arbres que le peintre a placée sur le devant. Un chemin traverse le premier plan, et cotoyant ensuite la rive du fleuve, va se rendre à la ville. Un homme et une femme sont couchés sur le bord du chemin et semblent s'entretenir avec un troisième personnage, qui, debout et appuyé sur un bâton, paraît les écouter. De l'autre côté du chemin, un homme seul, assis sur l'herbe, se livre à la méditation. Le costume de ces petites figures, le genre de construction des fabriques, la paix et la fraîcheur répandues sur ce paysage, reportent l'idée du spectateur sur les agréables sites de la Grèce et les beaux jours de

Del.º par Corioprave.   Grav.º a l'Eau forte par De chale.   Tern.º par Aumont.

PAYSAGE.

S. BOURDON.

Nº 559.   Pa.ᵉ Franç.ᵉ

Desiné par S. du Roze.   Gravé par E. Boutrois

LE PORTRAIT DU BOURDON.

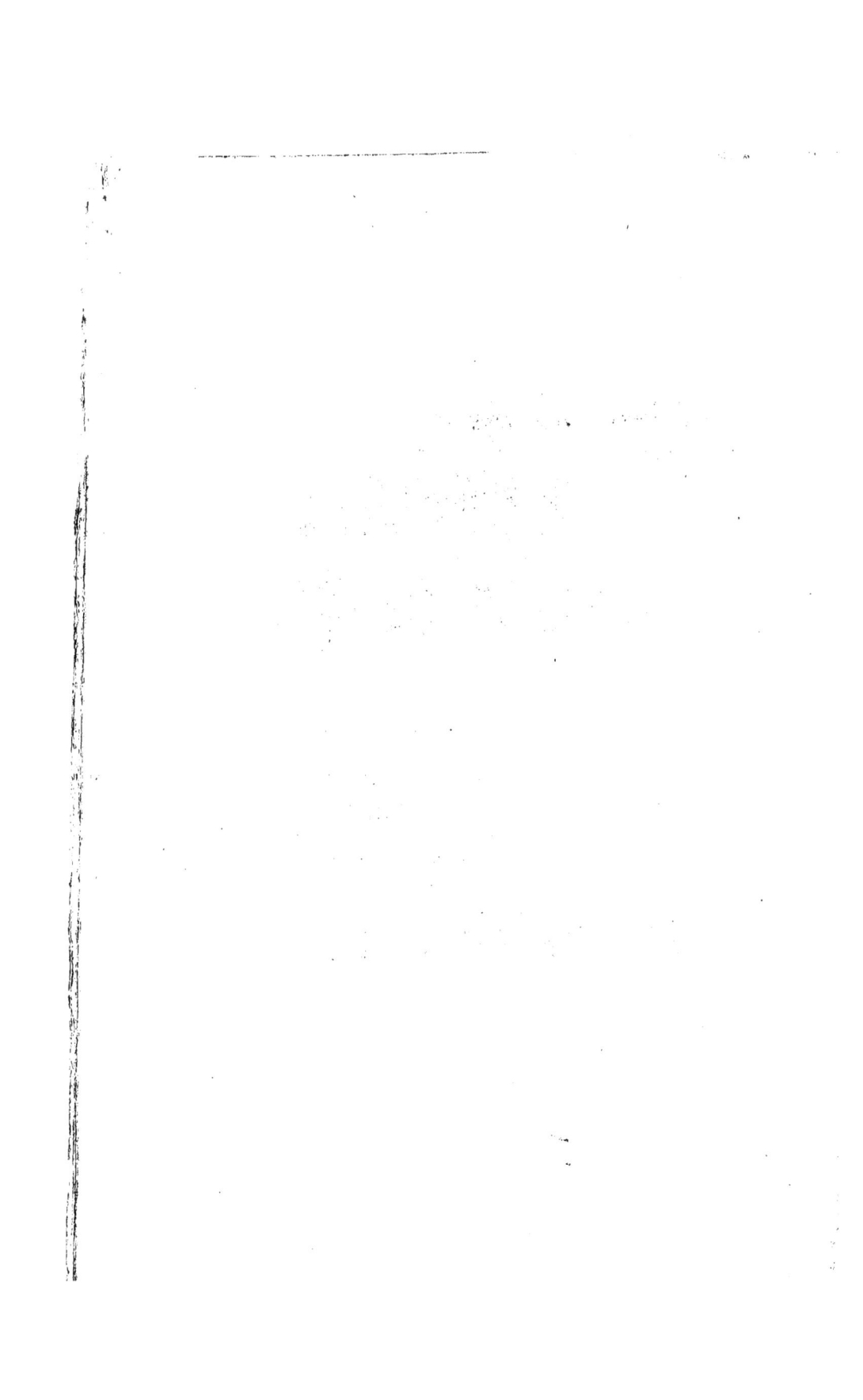

l'antiquité, si célébrés par les poètes. Il est facile de reconnaître que le peintre était inspiré par ces aspects charmans que l'on rencontre en Italie.

Des yeux moins exercés seraient tentés d'attribuer ce tableau au Gaspre; cette manière de composer approche beaucoup de la sienne; mais la touche et le ton de couleur suffisent pour en faire distinguer le véritable auteur par les hommes accoutumés à comparer.

Van Bloemen, comme le Gaspre Poussin, ainsi surnommé parce que le célèbre Poussin fut tout à-la-fois son maître et son beau-frère, Van Bloemen, dis-je, ainsi que le Gaspre, était enthousiaste de la nature, et s'était, comme lui, pénétré de ses beautés. Il n'est donc pas très-étonnant qu'ayant l'un et l'autre travaillé sous le même climat, et copié pour ainsi dire les mêmes modèles, leurs productions aient entr'elles une sorte d'analogie. Mais celles de Van Bloemen, toujours peintes avec soin et communément bien coloriées, n'offrent pas cette sécheresse qu'on trouve quelquefois dans celles du Gaspre, et dont il ne commença à se corriger que lorsqu'il eût vu les ouvrages de Claude Lorrain.

Il faut éviter de confondre le Van Bloemen dont nous traitons ici, avec Pierre Van Bloemen son frère, également élevé en Italie, mais qui revint se fixer à Anvers, patrie de l'un et de l'autre. Des Marches, de Caravanes, des Batailles, des Marchés aux chevaux, des Fêtes populaires, étaient communément les sujets que celui-ci traitait. Par une bizarrerie assez singulière, il se plaisait à vêtir à l'asiatique les figures qu'il mettait dans ses tableaux.

PLANCHE V.

BOURDON (Sébastien), né à Montpellier en 1616, mort à Paris en 1671.

PORTRAIT DU BOURDON; *peint sur toile; hauteur un mètre vingt-neuf centimètres cinq millimètres ou trois pieds onze pouces; largeur quatre-vingt centimètres ou deux pieds onze pouces.*

L'ON a dit souvent que le caractère des hommes se peint dans leurs ouvrages. Ce portrait vient à l'appui de cet axiome. Le désordre qui

y règne n'est-il pas en effet l'image de celui qui signala la conduite
pittoresque de ce peintre célèbre. Quelle bizarrerie l'a porté à se
représenter dans un costume aussi singulier? quel motif le détermina
à se dépouiller de son habit, et à se couvrir les cuisses de cet ample
manteau? Il est évident que dans l'ajustement de ce portrait, il s'est
créé des difficultés pour le plaisir de les vaincre. C'était en effet une
entreprise périlleuse que d'essayer de maintenir en harmonie la lumière de la figure avec celle que devait nécessairement renvoyer la
chemise et le buste qu'il soutient sur son genoux. Il est certain qu'il
se laissa séduire par l'espoir de triompher de cet obstacle. Pour y
réussir, il lui en coûta beaucoup de peine, et quelque soin qu'il ait
mis à la dissimuler, elle perce malgré lui. Il travailla avec beaucoup
plus d'attention qu'il n'était dans l'usage de le faire le reflet des
cheveux, mais avec le tems ils ont poussé au noir, et maintenant ils
ne se détachent point assez du fond.

Quoiqu'il en soit, on s'arrête devant ce portrait avec intérêt. L'attitude
en est noble et naturelle, et l'on aime à contempler les traits d'un
artiste célèbre par une foule de compositions ingénieuses, par les
contrastes que l'on trouve entre plusieurs de ses tableaux, remarquables, certains par le grandiose et la majesté, et d'autres par la
bouffonnerie de ses *bambochades*, s'il m'est permis de me servir ici
de l'expression que l'on emploie dans les arts pour ce genre de
compositions.

PLANCHE VI.

LE GLADIATEUR. — Statue.

Cette statue, célèbre dans les arts, est regardée comme un des
plus beaux fragmens de l'antiquité. Il est peu de chefs-d'œuvres de ce
genre dont les savans se soient plus occupés. Son examen a enfanté
des volumes.

Il paraît certain que cette admirable figure fut trouvée dans les
ruines d'Antium, sous le règne de Paul V. Agasias, fils de Dosithée,
d'Ephèse, en fut l'auteur. Il voulut que son nom passât à la postérité,
et le grava sur le tronc qui soutient la figure. Cet orgueil était bien
pardonnable.

Dessiné par Vauthier.   Gravé par Lignon.

LE GLADIATEUR.

Nᵒ. 561.   Ecoᵉ. Franᵉ.

Desˢ. par Dunouy.   Grav. à l'eau-forte par Chataignet.   Termᵉ. par Dequeu.

L'ASSOMPTION DE LA VIERGE.

EXAMEN

DES PLANCHES.

QUATRE-VINGT-QUATORZIÈME LIVRAISON.

PLANCHE PREMIÈRE.

POUSSIN (Nicolas).

L'ASSOMPTION DE LA VIERGE; *peint sur toile; hauteur quarante-six centimètres huit millimètres ou un pied cinq pouces; largeur trente-huit centimètres six millim. ou un pied deux pouces.*

Ce sujet a été traité par les plus grands maîtres, et il serait difficile de trouver dans leurs productions un tableau qui pût l'emporter sur celui-ci pour l'arrangement et l'élégance de la composition. On pourrait presque affirmer que l'on ne trouverait point ailleurs de groupe agencé avec plus de majesté, et qui remplisse avec plus d'intérêt le but que l'auteur s'est proposé. Le Poussin a évité la duplicité d'action, dont la plupart des peintres ne se sont point garantis. Quelques-uns s'arrêtant à des traditions qui ne sont point généralement avouées, ont introduit dans des tableaux de ce genre tantôt les apôtres, tantôt le tombeau de la Vierge découvert, tantôt de saintes femmes témoins de ce grand évènement, accompagnant de leurs gestes et de leurs vœux la mère du Christ, ou semant de fleurs la place qu'occupa sa dépouille mortelle. Le Poussin n'a point ainsi compliqué son sujet,

Il voulait peindre la Vierge s'élevant à la gloire, et n'a point voulu, par des objets étrangers, distraire l'attention du spectateur. Il a senti que toute espèce d'accessoire, quelque relation même qu'il pût avoir avec le sujet principal, ne ferait que diviser et par conséquent affaiblir l'intérêt général.

Dans son tableau, la Vierge s'élève dans l'espace, et la terre qu'elle a quittée semble fuir sous ses pas ; l'on ne distingue plus sur sa surface que la cime des monts qui servent de ceinture à la vallée de Josaphat, et les sommités des édifices du bourg de Gethsémani, où l'on veut qu'elle ait terminé sa carrière. Ses pieds reposent sur un nuage. Elle est entourée par des Anges qui l'enlèvent.

Il règne un sentiment admirable dans toutes ses figures. Quel empressement, quelle piété profonde, quel respect dans les mouvemens, dans les attitudes, dans l'expression de ces esprits immatériels! Comme cette tête de Vierge est rayonnante de joie et de divinité! Elle semble goûter déjà les célestes délices, et jouir pour l'éternité de la vue de son fils.

L'exécution répond à la beauté de la composition. La couleur en est chaude. Le groupe semble baigné dans des torrens de lumières célestes. Cette lumière est totalement idéale, et le peintre a laissé à l'imagination du spectateur à s'en former l'image. Elle diffère de celle dont la terre est éclairée. Celle-ci appartient aux derniers rayons du soleil, qui bientôt va disparaître sous l'horizon.

Cette belle production du Poussin était depuis long-tems dans la collection des rois de France.

PLANCHE II.

LE SUEUR (Eustache).

CONSTRUCTION DE LA CHARTREUSE PRÈS DE GRENOBLE; *peint sur bois et transporté sur toile ; hauteur deux mètres ou six pieds ; largeur un mètre trente-trois centimètres quatre millimètres ou quatre pieds.*

Nos lecteurs se rappelleront que nous avons décrit, il y a peu de tems, un tableau de ce grand peintre, représentant Saint Bruno aux

Desé par e. Bouton.   Gravé à l'eau-forte par Quevedo.   Teré par Dambrun.

CONSTRUCTION DE LA GRANDE CHARTREUSE.

pieds de Saint Hugues, sollicitant de cet évêque la permission de fonder, dans son diocèse, le chef-lieu de son ordre, et plus récemment encore, le voyage que Saint Hugues entreprit lui-même pour conduire Saint Bruno et quelques-uns de ses compagnons dans le désert qu'il se proposait de lui céder, pour s'assurer s'il pouvait s'accorder avec les intentions et les projets de ce célèbre fondateur. Le tableau dont nous nous occupons aujourd'hui, annonce le succès obtenu par les prières de Saint Bruno. L'affreux et aride désert que l'on nomme la Chartreuse, est le territoire que Saint Hugues a accordé aux nouveaux religieux, et déjà s'élèvent les bâtimens qu'ils doivent habiter. Pour visiter et accélérer les travaux, Saint Bruno, accompagné de l'un de ses disciples, s'est transporté sur les lieux. Le Sueur a représenté l'instant où ce fondateur s'entretient avec l'architecte, et examine avec lui les plans de la construction qu'il dirige. Pendant ce tems, des ouvriers nombreux taillent, montent et placent les pierres de l'édifice, dont le rez-de-chaussée est déjà exhaussé. Le paysage se compose de rochers escarpés et entièrement nus, à travers lesquels percent de loin en loin quelques cyprès, dont la funèbre verdure tranche sur la teinte grisâtre des rochers dépouillés.

Cette scène en elle-même présente peu d'intérêt sans doute, mais l'homme de génie sait tout animer, et Le Sueur en a fait un tableau extrêmement attachant par la vérité d'action qui y règne et par la science des contrastes. Le calme profond de Saint Bruno, preuve non équivoque de la paix intérieure de son ame; l'expression vive de l'ordonnateur des bâtimens, si bien faite pour rappeler la fougue ordinaire aux artistes quand ils expliquent leurs conceptions; l'activité des ouvriers qui se développe de vingt manières différentes, tout répand une vie, un mouvement, un charme incroyables sur cette ingénieuse composition, remarquable par son ensemble et son harmonie.

On ne peut pas dire que le sujet de ce tableau soit pris dans la vie de Saint Bruno. Il a pu faire ou ne pas faire cet examen des constructions naissantes de la Chartreuse, sans qu'il en résultât la moindre conséquence pour l'ordre qu'il se disposait à fonder. Cette action serait sans intérêt dans son histoire, et ce beau tableau serait retranché de cette suite sans que son absence, sous le rapport historique se fît sentir, et sans nuire à la marche et à la clarté du poëme que Le Sueur a si bien conçu. C'est donc un sujet purement idéal que

ce grand peintre a traité dans ce tableau, et il lui a suffi qu'il ne
blessât en rien la vraisemblance, pour laisser dans cette circonstance
un libre cours à son imagination. Quoiqu'il en soit, plus on examine
ce tableau, plus on sait gré à l'auteur d'avoir introduit dans son
ouvrage un épisode, inutile peut être, mais qu'il a rendu avec tant
d'esprit, de sentiment, et de charmes. La figure de Saint Bruno est
admirable pour le dessin, pour le goût et l'élégance avec lesquels elle
est ajustée, et pour la noblesse du style que l'on remarque dans
son vêtement, jeté avec une simplicité que l'on pourrait dire sublime.
La tête que l'on ne voit que de profil est également très-belle. Le
Sueur, toujours profond, toujours conséquent dans ses pensées, s'est
bien gardé de donner ici à Saint Bruno cet air de mortification et de
recueillement qu'il lui a prêtés dans ses autres tableaux. Dans ce
moment il s'occupe d'un objet purement terrestre. Alors, il a dû lui
donner et lui a donné effectivement une expression convenable à la
situation où il l'a placé. C'est un chef d'ordre qui examine si ses
intentions ont été bien comprises par l'architecte, et si ses ordre sont
exécutés comme il les a entendus.

PLANCHE III.

PORBUS le fils (François).

CÉRÉMONIE RELIGIEUSE; *peint sur cuivre; hauteur cinquante-deux
centimètres ou un pied sept pouces; largeur soixante-cinq centim.
trois millimètres ou un pied onze pouces six lignes.*

Il semble que l'habile peintre à qui l'on doit ce tableau ait voulu
établir, ou, pour mieux dire, prouver la puissance du coloris, et
démontrer qu'il suffit du charme qu'elle exerce pour forcer l'œil à
s'arrêter avec plaisir sur le sujet le plus indifférent au cœur aussi
bien qu'à l'esprit.

En effet, cette scène que Porbus a choisie est d'un bien faible
intérêt. Un évêque quitte l'autel où il vient d'officier pontificalement,
et se rend à la sacristie pour s'y dépouiller de ses ornemens sacer-
dotaux. Il est précédé de deux enfans de chœur, d'un de ses assistans

F. PORBUS.

Dessiné par Devesay.

Gravé par Oortman.

CÉRÉMONIE RELIGIEUSE.

qui porte sa crosse, de deux diacres en dalmatiques, et suivi de deux chantres en chape. Le prélat est coiffé de la mitre, et est revêtu de la chasuble. Il semble donner la bénédiction pastorale au spectateur. Cette intention du peintre annonce qu'il n'a point voulu introduire dans son tableau d'autres personnages qui peut-être eussent gêné sa composition. En effet, l'on n'aperçoit que trois têtes dans le fond, près d'une colonne, qui regardent passer le cortège.

Les têtes de ces six ecclésiastiques doivent être des portraits, et autant que l'on en peut juger, ils furent ressemblans. Quand on les examine, aucune de ces figures ne semble inconnue. Quoiqu'elles soient d'une nature assez vulgaire, elles ne manquent point de noblesse, et cette espèce de marche a la dignité convenable et locale. Ces ornemens sont bien choisis, bien jetés, et ont bien la pesanteur indiquée par leur richesse.

Une couleur chaude et vraie, une touche ferme et large, une variété bien sentie dans les caractères, telles sont les qualités que réunit ce bel ouvrage dans un degré éminent. Elles le classent parmi les productions d'un ordre supérieur.

Porbus était fils et petit-fils de peintres qui jouirent d'une réputation distinguée. Pierre Porbus, son grand-père, fut tout-à-la-fois peintre habile et savant géographe. Il quitta Gouda, sa ville natale, pour s'établir à Bruges. Ces deux villes lui doivent plusieurs tableaux d'église; mais son ouvrage capital fut le portrait du duc d'Alençon, qu'il composa à Anvers.

Son fils, François Porbus, fut élève de Franc-Flore. Comme son père, il exécuta avec succès plusieurs tableaux d'autel. Il se distingua aussi dans le portrait; mais son genre de prédilection, celui qui lui procura le plus de gloire, fut le paysage et les animaux. Il mourut dans la force de l'âge, et ce fut une perte.

François Porbus, son fils, dont nous venons de décrire un des tableaux, se fixa dès sa jeunesse à Paris, et y mourut en 1662. Il s'adonna à l'histoire et au portrait. Il a peint deux fois Henri IV. Il dessinait avec esprit. Il évitait avec sagesse les compositions compliquées, et sa couleur était vigoureuse et vraie. On a long-tems admiré une Cène de ce peintre au maître autel de l'église de Saint-Leu. Il fut moins heureux dans son Annonciation, que l'on voyait aux Jacobins de la rue Saint-Honoré.

PLANCHE IV.

WOUVERMANS (Philippe).

LE MARÉCHAL FERRANT ; *peint sur bois ; hauteur trente-trois centimètres trois millimètres ou un pied ; largeur quarante-un centim. trois millimètres ou un pied trois pouces.*

Ce tableau paraît être le pendant de celui du même auteur, que nous avons publié dans la quatre-vingt-douzième livraison de cet ouvrage. Ce sont à-peu-près les mêmes intentions, les mêmes personnages, les mêmes fabriques, le même site.

Quatre cavaliers viennent de s'arrêter à la porte d'un maréchal, dont la forge est située sur le bord de la route que l'on voit serpenter dans la plaine. L'un d'eux a mis pied à terre pour faire ferrer son cheval, et préside à cette opération, dont l'ouvrier s'occupe déjà. Les trois autres cavaliers conversent ensemble, en attendant que leur compagnon soit prêt à se remettre en voyage. L'on aperçoit dans l'intérieur de la forge quelques garçons maréchaux qui travaillent. Le peintre a placé sur le premier plan des enfans, des poules, des coqs, des chiens. Sur le troisième, l'on voit des mendians assis sur le bord du grand chemin, et demandant l'aumône à un voyageur à pied. Dans le fond, des paysans cultivent la terre.

Ce tableau est d'un bon ton de couleur. La touche en est fine et spirituelle, et c'est un des caractères distinctifs de Wouvermans. Cependant, cette production est susceptible de quelques critiques fondées. Les ciels sont cotoneux ; l'effet de toutes les parties n'est pas également déterminé : plusieurs sont indécises ; en général, il n'est pas aussi recommandable que celui que nous avons rappelé plus haut.

On le doit aux conquêtes de 1806.

Pl. 664   P. WOUVERMANS.   Liv.e Plan.e

LE MARÉCHAL FERRANT.

Des. par Bernard.   Gra. à l'eau-forte par De Ghendt.   Terminé par C. Niquet.

PAYSAGE.

PLANCHE V.

VERNET (Joseph).

UN PAYSAGE; *peint sur toile; hauteur un mètre seize centimètres ou trois pieds six pouces; largeur un mètre trente-trois centimètres trois millimètres ou quatre pieds.*

UNE rivière promène son onde tranquille et limpide dans une vallée profonde, formée par des rochers escarpés et des montagnes gigantesques. Un pont de pierre traverse cette rivière. La tête de ce pont est défendue par une tour gothique. Il conduit à une rampe pratiquée et taillée dans le roc, par laquelle on gravit aux portes d'un château que l'on aperçoit sur la droite à la cime de la montagne. On ne distingue de ce château féodal que ses murs crénelés, les sommités des édifices qu'ils renferment, le toit et le clocher de la chapelle, et les deux tours qui protègent les portes. Sur le milieu du pont est placée, suivant l'usage d'Italie, une statue de Saint; peut-être c'est celle de Saint Antoine de Pade, ou de Saint Jean Népomucène. A travers les arches on voit dans le lointain quelques chaumières villageoises dont les murs sont baignés par les eaux du fleuve.

Quelques figures animent ce charmant paysage. Sur le premier plan, un homme va pêcher et vient de rencontrer une jeune femme portant un panier sur sa tête; il s'arrête un moment avec elle, tandis que deux autres personnages assis sur l'escarpe de la rive, regardent des pêcheurs qui, debout sur la proue d'un bateau, tirent à bord leurs filets, tandis qu'un batelier assis à la poupe, une rame à la main, dirige lentement cette frêle nacelle. Sur un plan beaucoup plus reculé, un charretier conduit un chariot chargé; il vient de passer le pont.

Ce tableau est d'un effet piquant et vrai. La couleur en est aimable. Le site est pittoresque, les grands accidens de la nature y sont bien sentis et bien exprimés. Ces fabriques sont d'un effet charmant. L'imagination et le génie de ce grand peintre s'étaient long-temps nourris du spectacle varié des beaux points de vue si fréquens en Italie, et il possédait l'art d'en faire passer le charme dans ses tableaux.

PLANCHE VI.

APOLLON LYCIEN. — STATUE.

APOLLON avait plusieurs temples dans la Grèce. On lui en avait
consacré un à Athènes où il était adoré sous le nom d'Apollon Lycien.
Ce Dieu est ici représenté dans l'attitude du repos. Il est entièrement
nu. Ses beaux cheveux tombent négligemment sur son col. Son bras
droit est replié sur sa tête, et le gauche repose sur sa lyre. Cet
instrument est d'une conservation parfaite. Le statuaire a enrichi cette
lyre de différens bas-reliefs qui représentent un cygne, des griffons
et des masques tragiques. On doit cette statue aux conquêtes de la
grande armée en 1806.

Le Musée Napoléon possédait déjà une statue d'Apollon Lycien
dans la même attitude que celle que nous venons de décrire, à cela
près qu'elle a pour attribut, au lieu de lyre, un serpent, symbole
ou de la victoire remportée par ce Dieu sur Python, ou de la mé-
decine dont on lui attribuait l'invention. Celle-ci décora long-tems
les jardins de Versailles. Elle était placée près du bosquet de la
Colonnade, et est de marbre grec dur. La conformité de sa pose
avec celle d'un Bacchus que l'on voyait dans la galerie du palais de
Versailles, fut cause que pendant long-tems le vulgaire lui donna
également le nom de ce Dieu des vendanges ; mais il suffit d'avoir
quelques connaissances de l'antique mythologie pour reconnaître
l'erreur.

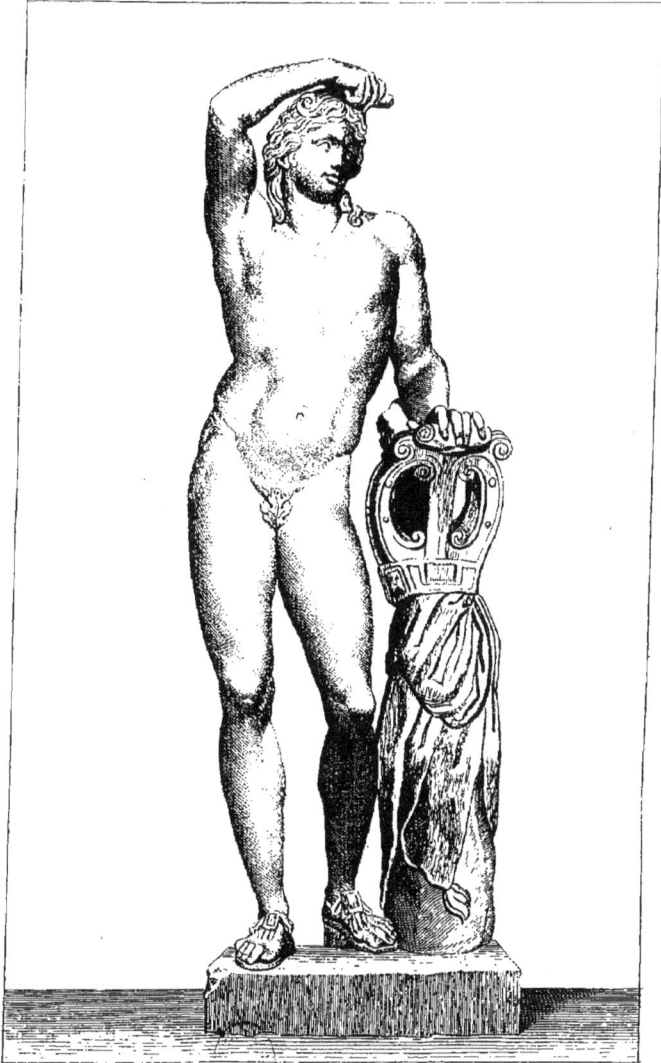

Dessiné par Pauthin.   Gravé par Laugier.

APOLLON LYCIEN.

D.é par Duchemin. Grá.à l'eau forte par Chataigner. Term.é par Villerey.

LA VERTU VICTORIEUSE DES VICES.

EXAMEN

DES PLANCHES.

PLANCHE PREMIÈRE.

CORRÈGE (ANTONIO ALLEGRI, dit LE),

LA VERTU VICTORIEUSE DES VICES ; *peint en détrempe sur toile ; hauteur un mètre quarante centimètres ou quatre pieds trois pouces ; largeur quatre-vingt-six centim. ou deux pieds sept pouces.*

LA peinture, aussi bien que la poésie, s'est emparée du genre allégorique, mais avec moins de succès sans doute. Si la poésie se permet de personnifier des êtres purement métaphysiques, elle a du moins la liberté d'user de tous les développemens dont elle croit avoir besoin pour donner à sa pensée toute la clarté convenable. L'esprit du lecteur s'abandonne sans peine à la fiction du poète, parce qu'aucun de ses sens ne lui cause de distraction, et que mettant facilement alors son intelligence en harmonie avec l'imagination du poète, il la suit pour ainsi dire sans fatigue dans ses écarts, se prête volontiers à supposer un corps aux êtres fantastiques dont le poète lui parle, et s'inquiète peu si l'action dont on l'entretient est fictive ou réelle, parce qu'il saisit aisément l'objet et les motifs des mouvemens des personnages inventés par le poète. Il n'en est pas ainsi du peintre. Il n'a pas la ressource de la parole pour expliquer sa création. Forcé de donner des formes matérielles aux êtres imaginaires qu'il met en action, il divise malgré lui l'attention du spectateur; il le force à chercher non-seulement pourquoi ces divers personnages se trouvent réunis, et quel est le but auquel ils prétendent, mais encore à deviner le nom de chacun d'eux dans les divers attributs dont le peintre est dans la nécessité de les surcharger pour se faire comprendre. Or, si cette recherche est une fatigue pour les hommes instruits et même pour ceux à qui les fables mythologiques sont le plus familières, on peut facilement concevoir combien les tableaux allégoriques offrent peu d'intérêt au vulgaire, et avec quelle indifférence il s'éloigne d'une scène qu'il a regardée sans l'entendre, et qu'il aurait en vain tenté de s'expliquer à lui même, parce qu'il ne possède aucune des connaissances préliminaires pour deviner l'énigme qu'on lui propose.

Une des principales qualités que doit avoir un tableau, c'est la clarté du sujet représenté. Il en est dépourvu s'il faut chercher ce que le peintre a voulu dire. Quelque célèbre que soit l'artiste dont le pinceau exécute une allégorie, quelqu'admiration que m'inspire la beauté de ses figures, la correction de son dessin, la vigueur de son coloris, il me restera toujours le regret de n'avoir pu saisir tout de suite sa pensée, et le chagrin d'abandonner son ouvrage sans pouvoir interpréter peut-être l'expression qu'il a donnée à ses figures. Voilà en général l'inconvénient des sujets allégoriques. Il est moins sensible sans doute quand ils sont employés sur les voûtes des temples et les plafonds des palais, parce que notre éducation nous porte volontiers à peupler les cieux d'êtres immatériels; mais dans un tableau qui n'est que le simulacre d'une fenêtre par laquelle on apercevrait les objets extérieurs, je ne m'accoutume point à découvrir dans une campagne une scène qui n'existe point dans la nature.

On ne me soupçonnera pas sans doute de vouloir faire la critique du magnifique ouvrage que nous publions ici. Les réflexions que je me suis permises ne portent que sur le genre de ces sortes de compositions, et s'il est vrai qu'un tableau allégorique conçu par un homme de génie tel que le Corrège a besoin d'être expliqué pour que le sens en soit compris, on trouvera peut-être qu'elles ne sont pas dépourvues de raison.

Le Corrège a représenté dans ce tableau, sous la figure d'une femme

assise au pied d'un arbre, la Vertu héroïque, que couronne le génie
de la Victoire. Cette Vertu est revêtue d'une cuirasse. Ses bras sont
garantis par des brassarts. D'une main elle tient une lance rompue,
emblème des combats qu'elle a livrés; de l'autre le casque dont elle
couvrait sa tête, et qui maintenant ne surchargeant plus son front,
annonce le repos qu'elle goûte après la victoire. Une femme est assise à
sa droite, et cette figure représente les quatre Vertus cardinales,
indiquées par les symboles qui leur sont propres, savoir le frein que l'on
voit dans sa main gauche, l'épée qu'elle tient dans la droite, la peau
de lion sur laquelle elle est assise, et le serpent que l'on voit entrelassé
dans ses cheveux. A droite du tableau est une troisième figure de
femme. Celle-ci mesure avec un compas un globe terrestre, et d'une main
indique le ciel comme source de toutes les sciences nécessaires à
l'homme. Sur la tête de la Vertu héroïque planent plusieurs génies; l'un
d'eux est, comme je l'ai dit plus haut, celui de la Victoire; un autre
celui de la Renommée.

Comme peinture, ce tableau est digne de la haute réputation de
son auteur. Toutes les têtes sont admirables pour la grâce. Les mouvemens des figures sont pleins d'élégance, de souplesse et d'agrément,
et l'effet général ne laisse rien à désirer.

Ce tableau, et son pendant connu sous le titre de l'Homme sensuel
subjugué par les vices, faisaient partie de l'ancienne collection des
rois de France. Tous les auteurs ne s'accordent pas sur la manière dont
ils y sont entrés. On dit que le duc de Mantoue les vendit avec beaucoup d'autres objets précieux au roi d'Angleterre; que M. de Jabac
en fit l'acquisition lors de la vente du mobilier de Charles I.er; et que
depuis, cet amateur français les céda à Louis XIV; et telle paraît être
l'opinion du Musée Napoléon. Dans un mémoire sur la vie et les œuvres
du Corrège, qui se trouve dans le second volume des œuvres complètes
de Mengs, édition in-4.º de 1786, on lit que ce tableau et son pendant
furent donnés par le cardinal Barbérini au cardinal Mazarin : ce qui
ferait supposer qu'il furent acquis pour le gouvernement après la mort
de ce cardinal.

On voyait une répétition de celui que nous venons de décrire, dans
la galerie du prince Doria, à Rome, mais elle n'était pas terminée.

4

PLANCHE II.

SCHEDONE (BARTOLOMMEO).

REPOS DE LA SAINTE FAMILLE; *peint sur toile; hauteur quarante-trois centimètres sept millimètres ou un pied quatre pouces; largeur cinquante-neuf centimètres sept millimètres ou un pied dix pouces.*

A l'ombre de grands arbres et sur les bords d'un fleuve dont l'onde paisible arrose ce beau paysage, la Vierge, assise sur une pierre, tient sur ses genoux l'Enfant Jésus. A ses côtés, le petit Saint Jean lui présente une croix. A droite de la Vierge, Saint Joseph debout, appuyé sur un bâton, la tête courbée et les yeux baissés, semble adresser quelques réflexions à son épouse. Elle paraît ne les écouter qu'avec une sorte de contrainte, et être intérieurement plus occupée des deux enfans que du discours de Saint Joseph.

La figure de Saint Joseph est évidemment un peu courte. C'est sans doute pour pallier ce défaut, que le peintre à placé sur le devant ce rocher qui coupe cette figure.

Ce tableau est d'une bonne couleur. Il dut être d'un effet piquant lorsqu'il sortit du chevalet. Malheureusement il a poussé au noir. La mauvaise *imprimature* de la toile sur laquelle il a été peint en a été cause sans doute.

Les productions du Schedone sont extrêmement rares, et cette circonstance ajoute un prix à celle-ci; mais ce serait un faible mérite pour elle, si l'on n'y reconnaissait pas un talent réel et l'ouvrage d'un homme habile. Le Schedone s'était formé sur le style aimable du Corrège. Il ne se traîna point cependant servilement sur les traces de ce grand maître. Il s'était ouvert une carrière nouvelle, que la brièveté de sa vie ne lui permit pas de parcourir entièrement. Il mourut trop tôt sans doute pour l'avantage des arts; mais il vécut assez pour se faire un nom illustre. Il faut le dire à sa gloire, sa grande réputation repose bien plus sur les ouvrages qu'il a produits que sur les louanges que lui ont prodiguées les historiens et les poètes. Lui-même cultiva la poésie, et

Des.né par Grégorius.   Gra.é à l'eau forte par Chataigner.   Term.né par C. Niquet.

REPOS DE LA S.te FAMILLE.

Peint par Dubreuil.   Gravé à l'eau-forte par Chataigner.   Terminé par Dambrun.

CAÏN MAUDIT DE DIEU.

Tiraboschi nous a conservé un sonnet de lui comme une preuve de ses talens poétiques.

On doit le tableau que nous venons de décrire aux conquêtes de 1806.

PLANCHE III.

COYPEL (Noel), né en 1628, mort à Paris en 1707.

CAIN MAUDIT DE DIEU ; *peint sur toile, forme ronde ; diamètre un mètre ou trois pieds.*

CAIN vient de satisfaire son infernale jalousie. Abel expire au pied de l'autel où tant de fois il adressa des vœux à l'Eternel. Le premier meurtre vient de rougir la terre, et déjà les remords commencent le supplice du fratricide. Etendu par terre, il n'a pas la force de fuir le théâtre de son crime, ni la présence de l'Eternel qui semble lui dire : « Qu'avez-vous fait ? la voix du sang de votre frère a monté de » la terre jusqu'à moi ? »

Ce tableau fit admettre Noël Coypel à l'Académie de peinture en 1663. C'est l'ouvrage d'un habile homme, mais qui ne tire pas toujours son imagination de son propre fond. Le groupe de l'Eternel et des Anges rappelle un peu trop peut-être un des beaux ouvrages du Poussin.

Il ne faut pas confondre ce maître avec Antoine Coypel son fils, dont la fortune fut plus brillante que la sienne, et les talens bien plus prônés, et qui cependant ne le valut pas. Tel est l'empire de la mode. Elle fait ou défait les réputations au gré de son caprice, sans s'inquiéter si la postérité infirmera ses arrêts; ce qui arrive presque toujours. Les véritables connaisseurs préféreront constamment le père au fils. Si ses tableaux n'ont pas ce caractère d'originalité qui distingue les grands maîtres, on reconnaît du moins que leur auteur n'a imité que de bons modèles, et il est toujours exempt de cette afféterie ridicule dans laquelle tomba son fils, et qui lui valut tant d'admirateurs dans un tems où tout annonçait l'approche de cette décadence des arts de la peinture, de la sculpture et de l'architecture, dont la France fut affligée pendant plus de la moitié du dix-huitième siècle.

PLANCHE IV.

BOTH (JEAN et ANDRÉ).

UN PAYSAGE; *peint sur toile; hauteur un mètre cinquante-quatre centimètres huit millimètres ou quatre pieds huit pouces; largeur deux mètres seize centimètres ou six pieds six pouces.*

CE paysage est charmant. Il représente l'un de ces sites agréables d'Italie, que l'on rencontre assez fréquemment dans les environs de Rome. L'heure est l'après-midi d'un beau jour. Elle est indiquée avec autant d'esprit que de vérité. Les figures, quoique peu nombreuses, sont bien touchées, distribuées avec intelligence, et tellement en harmonie avec le paysage, qu'on les croirait de l'auteur de celui-ci. Elles sont cependant d'André Both, frère de Jean. Si ce tableau n'a pas toute la magie de ceux de Claude Lorrain, il faut convenir cependant qu'il y règne une si belle entente de lumière, une couleur si piquante, un faire si facile, une touche si spirituelle, des détails si bien rendus, qu'on ne peut se lasser de l'admirer. J'ai craint, en examinant ce tableau, que mon goût personnel pour ce genre ne me fit illusion; mais dans le jugement que je porte ici de cet ouvrage, je ne fais qu'émettre l'opinion des hommes éclairés que j'ai consultés, et notamment de M. Morel d'Arleu, que je cite toujours avec autant de plaisir que de reconnaissance, et dont je viens d'employer pour ainsi dire les propres expressions.

Ce tableau fut acquis pour l'ancienne collection du gouvernement.

L. Def. par Gregorius.   gra. à l'eau-forte par P. Hénault.   Ter. par C. Bonnet.

PAYSAGE.

C. LE BRUN.

Dessiné et Gravé par Boutrois.

PORTRAIT DE CH. ALP. DUFRESNOY.

PLANCHE V.

LE BRUN (Charles).

PORTRAIT DE CHARLES-ALPHONSE DUFRESNOY; *peint sur toile ; hauteur soixante-quatorze centimètres six millimètres ou deux pieds trois pouces ; largeur cinquante-sept centimètres trois millim. ou un pied neuf pouces.*

DUFRESNOY, destiné par sa famille à la profession de médecin, fut appelé par la nature à celle des beaux-arts. Il leur consacra sa vie, et partagea ses momens entre la peinture et la poésie, sans cependant devenir jamais ni grand peintre ni grand poète. Il séjourna long-tems en Italie. Ce fut là qu'il connut le peintre Mignard, et que s'établit entr'eux cette amitié dont la constance fut si honorable et pour l'un et pour l'autre. La tombe seule y mit un terme. Dufresnoy, dans les études qu'il faisait pour la peinture d'après les antiques, et les ouvrages des célèbres modernes, écrivait en vers toutes ses remarques. On prétend que ce fut de la réunion de cette foule de notes qu'il forma son poëme de *Arte graphica ;* et peut-être serait-ce à cette manière de le composer que l'on pourrait imputer les défauts qu'on lui reproche, tels par exemple que la froideur générale, l'inégalité du style, l'absence des images, etc.; mais cet ouvrage, peu connu des gens du monde, est estimé des savans par la pureté des préceptes, et doit être recherché des artistes, parce que si du moins il ne parle pas à leur imagination, il plaira toujours à leur raison, et ne les détournera jamais des principes également avoués par le goût, la nature et l'expérience.

On doit savoir gré à un peintre du calibre de Le Brun, de nous avoir conservé les traits d'un homme recommandable sous tant de rapports, et de ne s'être pas souvenu qu'il peignait en lui l'ami intime de Mignard qu'il détestait.

Ce portrait ornait jadis les salles de l'Académie de peinture.

PLANCHE VI.

GALBA, CLODIUS ALBINUS.

BUSTES.

LA ressemblance parfaite de cette tête avec les portraits authentiques de Galba, ne laisse aucune incertitude sur le personnage que ce buste représente. Galba parvint à l'empire dans un âge avancé, et mourut à soixante-treize ans. La tête de ce buste est celle d'un homme de cinquante. Il est donc évident qu'il fut sculpté long-tems avant qu'il fût empereur. Cette tête, au reste, a bien tous les traits analogues au caractère que l'histoire donne à cet empereur. On reconnaît dans la sévérité de ce front, cet amour pour la discipline à laquelle il assujétit les légions qu'il commanda long-tems, et pour cette justice rigoureuse qu'il exerça en Afrique, en Espagne et dans les Gaules. La révolte le plaça sur le trône, la révolte l'en fit descendre. Il est ici vêtu du *Paludamentum*.

Ce beau buste est parfaitement antique. Il n'a éprouvé que de très-légères restaurations. Il est de marbre pentélique, et se voyait à la *Villa Albani*.

L'on est moins certain du nom et de la qualité du personnage représenté par l'autre buste. L'on a cru y trouver quelque ressemblance avec les portraits connus de Clodius Albinus, concurrent malheureux de Septime Sévère, plus digne du trône que son rival, et vaincu par lui dans la fameuse bataille de Lyon, où il perdit la vie.

Ce romain est vêtu d'une chlamyde à franges qu'il porte par-dessus la tunique. Cette sculpture est d'un travail précieux ; elle est de marbre pentélique, et comme la précédente ornait la *Villa Albani*.

GALBA.   CLAUDIUS ALBINUS.

Des. par J. Le Roi. Grav. à l'eau forte par Chataigner. Term. par Prévost.

S^t. GERVAIS ET S^t. PROTAIS.

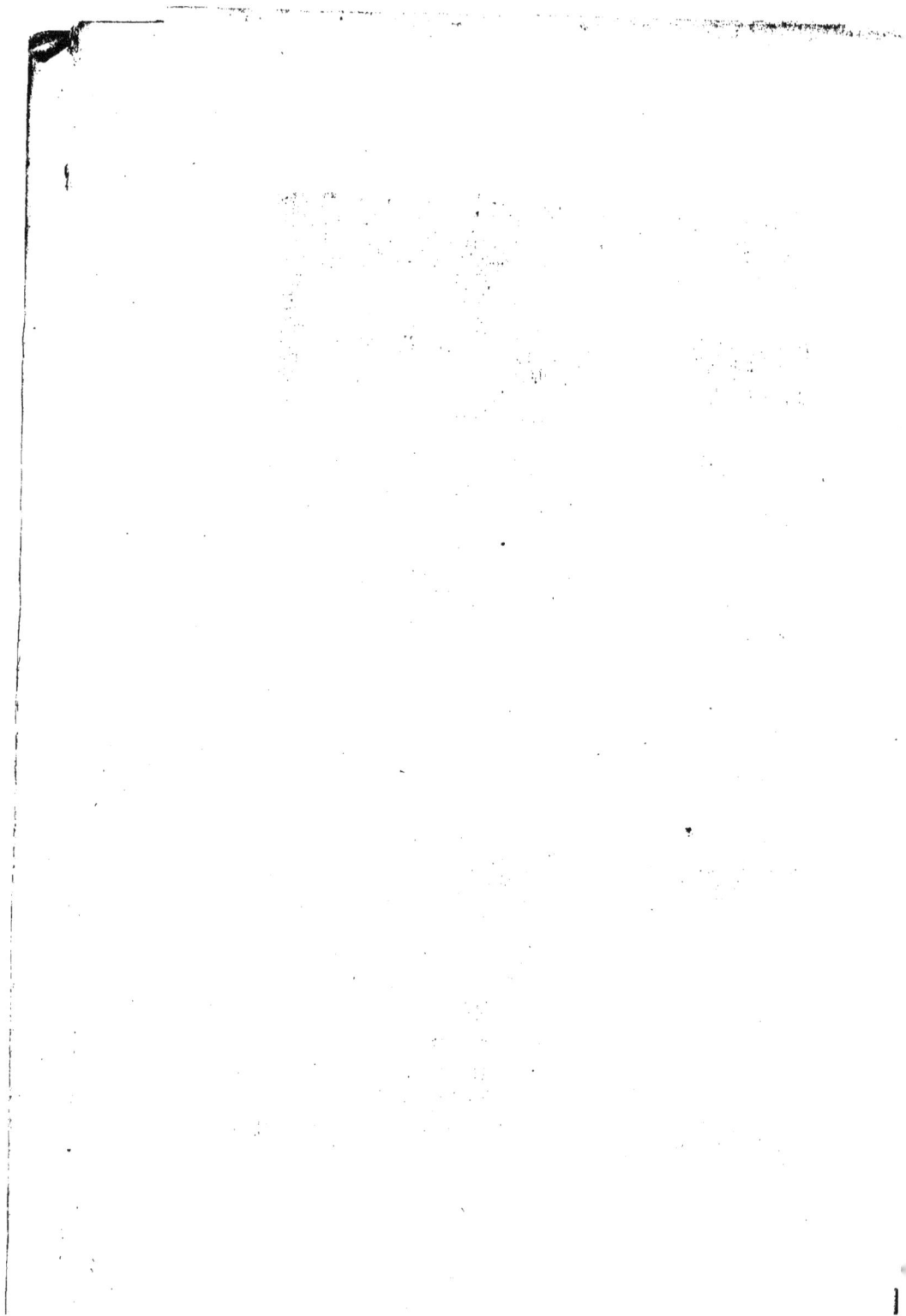

EXAMEN

DES PLANCHES.

QUATRE-VINGT-SEIZIÈME LIVRAISON.

PLANCHE PREMIÈRE.

LE SUEUR (EUSTACHE).

SAINT GERVAIS ET SAINT PROTAIS REFUSENT DE SACRIFIER AUX DIEUX ; *peint sur toile ; hauteur trois mètres soixante-six centimètres six millimètres ou onze pieds ; largeur six mètres soixante-dix-sept centimètres six millimètres ou vingt pieds quatre pouces.*

Voici l'un des plus beaux tableaux de l'ancienne école française. On ne craint point de le dire ; on chercherait vainement en Italie, si long-tems féconde en grands peintres, une composition plus grande, plus noble, plus pittoresque, mieux pensée, mieux distribuée, moins compliquée, malgré le grand nombre de personnages. Le Sueur n'avait point voyagé ; il ne connaissait point cette Contrée des arts où l'antiquité, associée pour ainsi dire aux siècles modernes, présente à l'étude tant de modèles, à la méditation tant d'objets, à l'exercice du crayon tant de sujets à imiter. Le Sueur ne fut aidé ni par les souvenirs, ni par les comparaisons, ni par l'habitude de bien voir. Il n'eut recours qu'à son génie pour enfanter ce magnifique ouvrage. Il est donc des hommes privilégiés à qui la nature révèle tout, dont la grandeur est indépendante de la gloire de leurs contemporains et de leurs prédécesseurs, dont les sublimes inspirations n'empruntent rien au foyer de leurs semblables, et qui sont créateurs même lorsque tout semble créé depuis long-tems dans l'art qu'ils professent.

On trouve dans les légendaires, que sous le règne de Marc-Aurèle, Astase, chargé de poursuivre la guerre contre les Marcomans, consulta les oracles, et fut alarmé de leur silence. Les prêtres lui annoncèrent que pour le faire cesser, se rendre les dieux propices, et obtenir la victoire sur les ennemis, il devait forcer de sacrifier à Jupiter, Gervais et Protais, jeunes chrétiens, qu'ils lui dénoncèrent comme les plus dangereux ennemis des divinités payennes. Le crédule Astase céda sans peine à ces insinuations fanatiques et mensongères. Il ordonna que Gervais et Protais fussent conduits en sa présence, et que tout fut préparé pour le sacrifice. Tel est le sujet historique que Le Sueur a traité.

La scène se passe sous un immense portique décoré de colonnes corinthiennes, et pavé de marbres précieux. Ce portique majestueux sert, selon toute apparence, de vestibule au palais d'Astase, puisque dans le fond, sur la gauche du tableau, on découvre une galerie profonde, qui sans doute communique aux appartemens de ce palais. Sur la droite, le portique est entièrement ouvert, et laisse apercevoir une place publique décorée de temples, de palais, de statues, et terminée par une porte triomphale. C'est par cette partie du portique qu'arrive le cortège. A gauche du tableau, on voit la statue de Jupiter placée sur un autel élevé. Le Dieu tient dans sa main l'effigie de la victoire. Au pied de l'autel, le sacrificateur, la tête couronnée de fleurs, nud jusqu'à mi-corps, un genou en terre, armé du couteau sacré, a déjà saisi d'un bras nerveux la victime, et se dispose à la terrasser pour l'immoler. A gauche de l'autel, des prêtres apportent les vases sacrés destinés aux libations ; à droite sont deux magistrats revêtus de la toge, dont l'un tient dans ses mains le décret d'Astase qui ordonne aux deux jeunes gens de sacrifier aux dieux, et dont sans doute il va leur faire la lecture. Dans le fond, à l'entrée de la galerie, et sur la dernière marche du perron qui y conduit, Astase lui-même est assis, paré de toutes les marques de la puissance ; et le bras droit élevé, indiquant du doigt la statue de Jupiter, il semble commander à Gervais et à Protais de lui adresser leurs vœux. Astase est entouré de ses gardes, des généraux de son armée, des prêtres, des augures ; les aigles romaines, les enseignes, les piques, resplendissent sous les voûtes de la galerie. Les intervalles que laissent les colonnes entr'elles, sont garnis de personnages que la curiosité attire, et de trompettes qui appellent le peuple à cette solemnité. Enfin Gervais et Protais paraissent. Premiers acteurs de ce drame imposant, ils frappent soudain les regards. Qui pourrait les méconnaître au milieu de ce nombre immense de personnages, à ces longues tuniques blanches, symboles de la pureté de leur ame? Tout ce que la modeste résignation peut imprimer de religieux à la marche d'un homme, tout ce que la candeur peut prêter de noblesse aux mouvemens d'une taille élevée, tout ce que l'innocence peut ajouter de charmes à la jeunesse, tout se trouve réuni dans ces deux belles figures , et semble encore rehaussé par la soldatesque férocité des gardes qui les conduisent. Jamais contrastes ne furent mieux pensés, mieux puisés dans la nature, dans les caractères et dans les professions, et exprimés avec plus de justesse et d'énergie. Avec quelle rudesse, quelle barbare indifférence, ces trois soldats traînent après eux ces deux intéressantes victimes ! que ce centurion qui précède ce groupe a bien toute l'insolence du commandement subalterne ! quelle audacieuse grossièreté dans l'activité de ces gardes occupés dans le fond à repousser, à contenir ce peuple, dont les mouvemens, les gestes, la figure, annoncent la pitié que cette scène lui inspire. Ces soldats sont sous les yeux de leur général ; plus ils seront cruels, plus ils espèrent lui plaire, et la bassesse de la flatterie achève de déshonorer l'odieuse insensibilité. Tout respire, tout parle, tout se meut, tout marche dans ce magnifique tableau. Dans cette foule de personnages, il n'est pas un personnage inutile, il n'en est pas un seul que l'on puisse surprendre avec une intention fausse. L'exposition est claire, l'action est une, et l'intérêt est partout.

Ce tableau, dont toutes les écoles tireraient vanité, est un chef-d'œuvre de composition, d'expression et d'exécution, et tient un des premiers rangs, même parmi les nombreux chefs-d'œuvres de Le Sueur. Il décora long-tems l'église de Saint Gervais à Paris, et maintenant, mieux en évidence au Musée Napoléon, il voit par cette heureuse translation s'accroître encore sa juste célébrité. Il fut, dit-on, destiné jadis à être exécuté en tapisserie des Gobelins.

PLANCHE II.

LE SUEUR (EUSTACHE).

APOTHÉOSE DE SAINT BRUNO; *peint sur bois et transporté sur toile; hauteur deux mètres ou six pieds; largeur, un mètre trente-trois centimètres six millimètres ou quatre pieds.*

Ce tableau termine cette belle suite connue sous le titre de Cloître des Chartreux, ouvrage si célèbre dans l'Histoire des Arts, et dont l'exécution et l'invention ont acquis tant de gloire à son auteur. Le Sueur voulant conserver au dénouement de son poëme ce sentiment de noblesse et de grandeur qu'il avait jusques là répandu sur les principales actions de la vie de son héros, a supposé que le ciel devait être la récompense de tant de vertus; et s'appuyant sur les opinions religieuses, il a pu, sans blesser la vraisemblance, permettre à son imagination de figurer Saint Bruno montant à la gloire éternelle.

Cette composition n'est ni embarrassée ni compliquée; elle a cette noble simplicité que l'on remarque dans les ouvrages de ce grand peintre. Trois Anges, habilement disposés, ravissent le Saint. Trois Chérubins, portés sur des nuages, lui servent de Cortège. Deux autres planent dans les airs et semblent venir à sa rencontre. La figure de Saint Bruno est belle; le mouvement y est bien senti; l'expression de la tête est admirable. L'extase dont elle est pénétrée n'a rien d'exagéré ni de mystique. C'est le sentiment d'une ame pure, contente d'elle-même, qui s'abandonne paisiblement à la justice éternelle, et jouit d'avance des ineffables douceurs que lui promet le céleste séjour. La critique, sans être trop sévère, pourrait se permettre quelques reproches au mouvement des Anges occupés à enlever Saint Bruno. Celui, par exemple, dont les ailes sont éployées, semble employer trop de force pour soutenir le poids de ce corps. Ces êtres immatériels sont étrangers aux efforts comme à la fatigue. Leur force, surnaturelle comme leur être, réside dans leur nature céleste; elle n'a rien de commun avec la vigueur humaine, et dès que la fiction leur confie des fardeaux, ils doivent paraître se jouer de ces fardeaux plutôt que les supporter. On pourrait blâmer aussi cette espèce d'écartement que l'Ange placé en dessous

Déss.¹ par Boucher.   gra.¹ à l'eau forte par Chataigner.   Term.¹ par Villerey.

APOTHÉOSE DE S.ᵗ BRUNO.

Dessiné et Gravé par Devilliers,Aîné.

LE PHILOSOPHE EN MÉDITATION.

fait faire à la figure principale. On est étonné de trouver ce léger
défaut dans l'ouvrage d'un peintre si recommandable partout ailleurs,
par la grâce qu'il donnait à ses personnages. L'Ange qui soutient le
bras droit est bien mieux pensé. On retrouve la même idée dans le
tableau de Raphaël, qui représente la vision d'Ezéchiel. Cette composition
a de même quelque analogie avec le ravissement de Saint Paul, du
Dominiquin.

Ce tableau fait partie de la collection du Sénat conservateur.

PLANCHE III.

REMBRANDT (VAN RHIN).

LE PHILOSOPHE EN MÉDITATION; *peint sur bois; hauteur
vingt-huit centimètres ou dix pouces six lignes; largeur trente-trois
centimètres trois millimètres ou un pied.*

La pose tranquille de ce vieillard, sa longue barbe, la robe fourrée
dont il est revêtu, les papiers semés sur la table près de laquelle il est
assis, lui ont valu, de la part des amateurs, le titre de philosophe, tandis
que Rembrandt n'a prétendu peut-être représenter qu'un homme d'un
âge très-avancé, qui se tranquillise en sortant de dîner, et jouit en
paix des rayons du soleil près de sa fenêtre ouverte, tandis que sa vieille
épouse que l'on aperçoit dans l'ombre monter cet escalier de bois,
vient de le quitter, si du moins l'on en peut juger par ce fauteuil vide
que l'on voit à côté de la table. Dans la vérité, ce vieillard paraît
plutôt assoupi qu'absorbé dans ses réflexions. La salle où il se trouve est
d'une architecture gothique; les murs épais et les voûtes élevées en
sont noircies par le tems et par l'humidité. Elle n'est éclairée que par les
vitraux qui se trouvent dans le fond à gauche; mais l'on sait assez
avec quelle puissance de talent ce peintre célèbre tirait parti de ces
grandes masses d'ombres, et avec quel art il savait y faire pénétrer les
reflets de la lumière, de manière à y faire distinguer les objets que
l'obscurité devrait naturellement dérober à la vue; témoin cette vieille
femme que l'on voit sur l'escalier. Sur le premier plan, une servante
a saisi d'une main un chaudron suspendu à la crémaillée de la cheminée,
et de l'autre attise le feu; celle-ci est éclairée par la flamme du foyer.

6

Cette composition est bien peu de chose. On peut dire même qu'elle est totalement dénuée d'intérêt, surtout dans l'ignorance où l'on est du personnage que le peintre a eu en vue. Mais quel art dans les effets de lumière et dans l'opposition de celle du soleil avec celle qui part de l'âtre! Cependant la vérité veut que l'on dise qu'à cet égard il a quelquefois mieux réussi dans d'autres tableaux. Un connaisseur très-distingué, M. Morel d'Arleu me fournit une raison très-plausible, je ne dirai pas du peu de succès, mais du succès moins brillant que Rembrandt nous semble avoir obtenu dans cette circonstance. Il me rappelle qu'à l'époque où cet artiste travaillait, l'on était dans l'usage d'employer l'ébène pour les cadres des tableaux. L'auteur, en travaillant celui-ci, compta naturellement sur l'opposition tranchante que ferait la noirceur du cadre avec la peinture. Il y avait un peu de charlatannerie sans doute dans ce calcul, mais enfin l'on sent qu'elle devait aider à l'illusion et amener un effet piquant. Aujourd'hui l'éclat de l'or dont on rehausse les bordures, généralement favorable à la peinture, produit un effet contraire sur celle-ci : il détruit entr'autres l'effet qui devrait résulter de la lumière que jette la flamme de la cheminée, parce qu'elle se confond avec son brillant, et que par conséquent il l'absorbe. Au reste, cette observation ne doit pas empêcher de convenir qu'il est peu de peintres qui ne dussent encore s'estimer heureux de se tirer aussi bien des difficultés que présente dans l'art la tentative de semblables témérités.

Ce tableau et son pendant ont passé tour-à-tour dans différentes collections, et notamment dans les cabinets du comte de Vence, du duc de Choiseul et de M. de Boisset, avant d'entrer au Musée Napoléon.

PLANCHE IV.

METZU (GABRIEL).

MARCHÉ AUX HERBES DE LA VILLE D'AMSTERDAM;

peint sur toile ; hauteur quatre-vingt-quinze centimètres ou deux pieds dix pouces ; largeur quatre-vingt-un centim. ou deux pieds cinq pouces.

LE Musée Napoléon possède plusieurs tableaux charmans de ce célèbre peintre ; mais ils le cèdent tous en mérite à celui que nous publions aujourd'hui. Il est également admirable, soit qu'on l'examine

D.t par Planski.   Gra. à l'eau-forte par Chataigner.   Term. par Niquet.

LE MARCHÉ AUX HERBES D'AMSTERDAM.

sous le rapport de la composition, soit qu'on le juge sous celui de l'expression. Tout est animé, tout est en mouvement, tout parle dans ce tableau ; et quoique le peintre ait été, pour ainsi dire, économe de figures dans un sujet qui semblerait en exiger beaucoup, il a néanmoins disposé avec tant d'art celles qu'il a jugé convenables d'employer, qu'il semblerait que la foule se presse sur cette place.

C'est celle d'un marché aux légumes et à la volaille d'Amsterdam. Ce marché est ombragé par de grands arbres, bordé par un canal, dont la rive opposée est ornée par une longue façade de maisons. Sur le devant, à gauche du tableau, une vieille cuisinière, les poings sur les côtés, se dispute avec une grosse marchande de légumes assise sur les bras d'une brouette remplie de racines potagères. Entre ces deux femmes arrive un paysan courbé sous le poids d'un énorme panier à volaille, qu'il soutient de la main droite, tandis que de la gauche il s'appuie sur un bâton. Dans le centre, une jeune bourgeoise, en habit du matin, le bras passé dans l'anse d'une petite corbeille, traverse ce marché, et semble sourire à quelques galanteries que lui adresse sans doute un jeune cavalier qui semble la suivre. Sur le second plan, une marchande, à l'entrée de son échoppe, cause avec une autre femme. Un peu plus loin, deux espèces de magistrats, en perruque, en rabat et en manteaux noir, se promènent. Ce sont sans doute des inspecteurs du marché. A droite du tableau et sur un plan reculé, une vieille femme, assise devant une petite table, couverte d'une nappe blanche, vient de vendre ou va vendre un verre de genièvre à un pauvre homme, qui, pour le payer, cherche dans une petite bourse d'une main parcimonieuse une pièce de monnaie. Dans un coin du tableau, et tout à fait sur le devant, un gros chien épagneul est en arrêt devant un coq. Ce coq, réfugié sur le couvercle d'un panier et les plumes hérissées, s'apprête à lui assener un coup de bec sur le museau.

Le seul reproche que l'on pourrait peut-être faire à ce délicieux tableau, c'est ce grand arbre, dont les branches dérobent à la vue une partie des maisons du fond. D'ailleurs, il n'est pour ainsi dire qu'ébauché ; ce qui contraste trop avec le fini précieux de toutes les autres parties.

Quoiqu'il en soit, cet ouvrage est une production admirable, et sans contredit l'un des plus capitaux de ce grand peintre.

Il y a près de quarante ans que ce tableau fut vendu 28,000 francs à la vente de la célèbre madame Geoffrin.

PLANCHE V.

GUASPRE POUSSIN.

UN PAYSAGE ; *peint sur toile ; hauteur soixante-neuf centimètres ou deux pieds un pouce ; largeur quatre-vingt-treize centimètres ou deux pieds neuf pouces six lignes.*

CE paysage est charmant. Un site agréable, paré d'une végétation vigoureuse et ombragé d'arbres, est traversé par une grande route, qui va joindre en serpentant les rives d'un lac ou d'un fleuve dont les eaux baignent les murs d'une grande ville que l'on aperçoit dans le fond adossée a des collines. Trois hommes se sont reposés sur le bord de ce chemin. Deux sont assis sur le gazon ; l'autre, appuyé sur un bâton, semble achever de monter des degrés pratiqués entre ces deux larges pierres près desquelles on le voit. Comme ces trois hommes sont presque nuds, le peintre n'aurait-il pas supposé que ces deux grosses pierres sont le revêtement d'un bain, où ces hommes viendraient de se plonger ? Ils ont avec eux deux lévriers ; cependant, rien n'indique que ce soit des chasseurs. Le peu de vêtemens dont ils sont couverts tient au costume antique.

Ce joli paysage est d'un excellent ton de couleur. Les arbres sont peints avec beaucoup de goût et les figures touchées avec esprit.

Ce tableau sort de l'ancienne collection des rois de France.

PLANCHE VI.

PUPIEN. — STATUE.

CETTE statue, du genre que l'on appelle héroïque, représente MARCUS CLAUDIUS MAXIMUS PUPIENUS, qui, fils d'un forgeron, s'éleva, par son mérite, jusqu'à la pourpre impériale, dont il ne jouit malheureusement qu'une année, ayant été massacré à soixante-quatorze ans par les prétoriens, avec son collègue BALBIN.

Cette figure est en marbre de paros. On voit à ses pieds la corne d'abondance. Le sculpteur a voulu sans doute rappeler, par cet attribut, la paix que cet empereur, digne d'un meilleur sort, avait rendue à Rome et à l'empire, après les avoir délivrés de la tyrannie des Maximins.

Cette statue, avant d'entrer au Musée Napoléon, était à la *Villa Albani,* et sortait de la collection *Verospi.*

PAYSAGE.

Dessiné par Vauthier.   Gravé par Caret.

PUPIEN.

LES CARRACHES.

L'ART de la peinture qui, pendant près de deux siècles, avait joui en Italie d'un si grand éclat, voyait sa splendeur s'effacer chaque jour. L'Ecole Florentine était livrée à des novateurs qui désespérant d'égaler jamais les hommes célèbres qui les avaient précédés, dominés par un amour-propre ridicule dont le moindre danger était de les empêcher de convenir de leur infériorité, s'étaient livrés à de nouveaux principes dans l'espoir d'effacer et de faire oublier leurs devanciers, et loin de perfectionner l'art comme ils s'en vantaient publiquement, ne faisaient que hâter sa décadence. Rome n'était pas plus fortunée. Aux beaux jours de Léon X, illustrés par Raphaël et son Ecole, avaient succédé les orages du règne de Clément VII. La guerre avait pénétré jusqu'aux pieds du Capitole. La flamme, le fer et le pillage avaient mutilé ou détruit les chefs-d'œuvres de cette orgueilleuse capitale. Ceux qui les avaient créés n'étaient plus, et les hommes capables d'en produire de nouveaux avaient fui à l'approche de la soldatesque effrénée, et s'étaient dispersés au loin, sans laisser prévoir l'époque de leur retour. En Lombardie, la trop courte carrière du Corrège n'avait pas laissé le tems à ce grand homme de fonder son Ecole sur des bases inébranlables, et de voir ses élèves parvenus à un

★

assez haut degré d'expérience, pour assurer une
longue et honorable existence à l'Ecole Lombarde.
Venise même où la peinture, pendant si long-tems,
s'était modelée sur la nature, n'était pas sans alarme
sur le sort de son Ecole, et tandis que les Carraches,
dont nous allons retracer les travaux, allaient dans
leur jeunesse puiser dans ses murs qui leur étaient
étrangers, les germes de ce beau talent qu'ils vinrent
dans la suite déployer à Bologne, les Vénitiens
marchaient déjà vers la décadence, et préludaient
à ce genre maniéré qui, dans le dix-huitième siècle,
déshonora cette belle Ecole.

POUR arracher l'art à cet état de crise, une
révolution était nécessaire ; mais pour la faire, il
fallait un homme dont le génie fût tout à-la-fois
assez réfléchi et assez étendu pour apercevoir le
danger et prévoir les ressources qu'il faudrait employer pour le faire cesser; un homme assez au-
dessus de son siècle pour ne pas se laisser entraîner
au torrent général de la mode du jour, assez éclairé
pour reconnaître l'origine du mal, assez patient pour
braver les clameurs de la multitude, assez constant
pour marcher vers son but sans se rebuter jamais,
assez ami de la véritable gloire pour dédaigner les
longues injustices de l'envie et de la critique pas-
sionnée; un homme enfin doué d'un caractère assez
opiniâtre pour ne rien céder à ses ennemis jusqu'à

ce que la force de son talent les eût contrains au
silence. Cet homme parut. Ce fut Louis Carrache ;
et par une de ces contradictions que le sort se plaît
quelquefois à mettre entre la vocation d'un individu
et sa destinée , et dont l'histoire offre plus d'un
exemple , il sembla que la nature se fît un jeu de
donner pour régénérateur à la peinture , celui qu'elle
avait en apparence privé de toutes les qualités re-
quises pour apprendre cet art avec quelqu'espoir de
succès.

LOUIS CARRACHE naquit à Bologne en 1555.
Dans ses premières années , il ne laissa apercevoir
qu'un esprit lourd et lent à concevoir. Il semblait
plutôt appelé à broyer les couleurs qu'à en faire
usage. Il reçut les premières notions de l'art dans
sa patrie sous le Fontana , peintre bolognèse. Il
passa ensuite à Venise , et étudia sous le Tintoret.
Ces deux maîtres , rebutés par son peu de dispositions, lui conseillaient d'embrasser une autre profession , et ses compagnons étaient dans l'usage , par
dérision, de le désigner par le nom de *Bœuf*. Il ne
se laissa point décourager par les obstacles. La len-
teur de ses progrès, au lieu d'être en lui l'effet d'un
esprit borné , venait au contraire d'une pénétration
profonde. Il voyait que l'idéal dans la peinture était
l'écueil où tous ses contemporains s'étaient brisés ;
pour l'éviter , il ne s'attachait qu'à la nature ; il

cherchait à se rendre compte à lui-même de chaque
ligne , et pensait que le meilleur parti à prendre
pour un jeune homme était de ne prétendre à bien
faire que lorsque le *bien faire* lui fût passé en habitude , et que cette habitude pût l'aider à faire vite.
Telle est au moins l'interprétation que donne Lanzi
à la manière dont il parut agir dans sa jeunesse.

Il avait étudié à Bologne les ouvrages des plus
célèbres peintres nationaux ; à Venise, il s'attacha
à l'étude du Titien et du Tintoret. Il vint ensuite à
Florence , et polit son goût en méditant les ouvrages
d'André del Sarto , et en écoutant les conseils du
Pasignano. Le séjour qu'il y fit était à cette époque
où l'Ecole Florentine penchait vers sa décadence.
Il fut témoin des disputes interminables qui s'éle-
vaient chaque jour entre les partisans de l'ancien
style et ceux du nouveau ; et ce fut par cette lutte
qu'il apprit à connaître quels sentiers on avait suivis
pour détériorer l'art, et ceux qu'il fallait prendre
pour le relever. L'on était alors bien loin de soup-
çonner que ces discussions l'aidaient à poser les bases
de la réforme, et pour n'être pas encore aperçues ,
elles n'en étaient pas moins déjà les fondemens solides
du monument qu'il se proposait d'édifier à la peinture. Alors les meilleurs élèves florentins , pour faire
trève à la languissante manière de leurs maîtres ,
s'étaient attachés aux exemples laissés par le Corrège ,

et il est présumable que ce fut à leur imitation que Louis quitta Florence pour Parme, et qu'il y étudia tout à-la-fois et ce célèbre chef et le Parmesan. Il revint enfin à Bologne, et quoiqu'il y fût bien accueilli et regardé comme un bon peintre, il sentit à merveille qu'un homme de son caractère ne suffirait pas pour combattre une école entière, si, à l'exemple de ce que le Cigoli avait fait à Florence, il ne se formait à Bologne un parti parmi la jeunesse.

Il en chercha les chefs dans sa propre famille. Il avait un oncle nommé Antoine, tailleur de profession, père de deux garçons qu'il élevait sous ses yeux, doués l'un et l'autre de si grandes dispositions pour le dessin, que Louis répétait souvent dans sa vieillesse, que pendant les longues années de son *magistère*, il n'avait jamais eu d'élèves qui les eussent égalés. Ils se nommaient Augustin et Annibal. Le premier étudiait l'art de l'orfévrerie, profession qui, dans tous les tems, fut la pépinière des fameux graveurs ; le second, destiné par son père au métier de tailleur, l'aidait déjà dans ses travaux. Ces frères étaient de caractères et de goûts opposés, et cette différence les rendait presque ennemis. Augustin versé dans la littérature, ne fréquentait que les savans. Il cultivait toutes les sciences ; il était à-la-fois philosophe, géomètre,

★

poëte. Son commerce était agréable et poli, sa
conversation spirituelle, ses réparties fines, et ses
manières au-dessus de la condition populaire dans
laquelle il était né. Annibal, au contraire, bornait
toute son instruction à savoir lire et écrire. Son
caractère un peu sauvage le portait à la taciturnité,
et quand par hazard il était forcé à parler, il se
montrait dépréciateur, caustique, méprisant et
railleur.

ENTRAINÉS vers la peinture, par les sollicitations
de Louis, l'opposition de leur caractère ne se dé-
mentit point dans cette nouvelle carrière. Augustin
timide, réservé, lent à se résoudre, difficile à se
contenter, n'apercevait point de difficulté qu'il ne
cherchât à l'aborder, et n'essayât de la surmonter.
Annibal, suivant l'usage de la plupart des artisans,
travailleur alerte, impatient aux délais, dédaignant
les méditations, cherchant tous les moyens d'échapper à l'aspérité de l'art, suivait avec audace les
sentiers les plus faciles, et ne s'occupait qu'à saisir
les moyens de faire beaucoup en peu de tems. Si
leur éducation pittoresque eût été confiée à d'autres
mains, Augustin fût devenu un nouveau Samacchini,
et Annibal un autre Passerotti. Mais comme l'observe
judicieusement Lanzi, leur habile cousin crut devoir
à leur égard imiter la conduite d'Isocrate, qui dans
l'éducation d'Ephore et de Théopompe, disait que :

avec l'un il lui fallait employer l'éperon , et avec
l'autre le frein. Louis , d'après les mêmes principes ,
plaça Augustin dans l'école du Fontana , maître connu
pour sa manière prompte et expéditive , et garda
Annibal dans son propre atelier , où les ouvrages se
conduisaient plus lentement et avec plus de matu-
rité. Par ce moyen , il réussit encore à les tenir
éloignés l'un de l'autre , jusqu'à ce que le tems et
l'âge eussent insensiblement affaibli l'inimitié qu'il
remarquait entr'eux , et fait naître cet esprit de
concorde si nécessaire entre des artistes pour qu'ils
se prêtent un mutuel secours. Il la vit naître en peu
d'années , et elle s'établit assez solidement pour qu'il
pût les envoyer ensemble à Parme et à Venise en
1580. Augustin se perfectionna beaucoup dans ce
voyage. Il obtint plus de correction dans le dessin ,
et les progrès qu'il avait faits dans la gravure sous
Domenico Tibaldi , avant son départ de Bologne ,
furent si grands à Venise , que Cort , sous lequel
il étudiait , en devint jaloux et le chassa de son école.
Vaine envie : Augustin passait déjà pour le Marc
Antoine de son tems. Annibal , que Lanzi appelle
plaisament , l'*Homme à une seule affaire* , Annibal ,
dis-je , ne s'attacha à Parme et à Venise qu'à peindre ,
et à profiter des ouvrages et de la conversation des
grands hommes , toujours si nombreux dans cette
dernière école. Ce fut à-peu-près à cette époque
qu'il fit ces copies du Corrège , du Titien , du Paul

Véronèze , si réputées pour leur beauté , et qu'il composa dans leur style ces petits tableaux si recherchés depuis. Le marquis Durazzo , à Gênes , en posséda plusieurs , précieux et par leur grâce et par la diversité des styles.

GRANDS peintres à leur retour dans leur patrie , ils eurent cependant à lutter long-tems encore contre la fortune. Leurs premiers travaux furent dans la maison Fávi , où ils exécutèrent quelques sujets tirés de la fable de Jason. Ces peintures, quoique faites avec l'asistance de Louis , devinrent l'objet de la critique outrée des vieux peintres ; ils leur reprochaient de manquer de diligence et d'élégance. On sent que la censure de ces maîtres qui avaient vécu à Rome , de ces maîtres dont le fastueux orgueil étalait avec insolence les poésies dont ils avaient été l'objet, et les diplômes que leur avaient valu leurs prétendus talens, de ces maîtres dont la jactance avait accoutumé ce siècle corrompu à les regarder comme les soutiens de l'art, on sent, dis-je, que la censure de semblables hommes devait obtenir du crédit. Leurs élèves se rendaient les échos de leurs jalouses préventions , et le vulgaire , à son tour , était l'écho des élèves. Telle est la marche ordinaire de l'esprit humain et l'aveuglement commun à tous les hommes, lorsque la médiocrité est parvenue à usurper l'empire sur le mérite. Le déchaînement fut tel , qu'il alarma et

désola tout-à-la-fois les Carraches, et l'on assure
que Louis et Augustin furent sur le point de céder
au torrent, et de retourner au vieux style. S'il en eût
été ainsi, c'en était fait de leur gloire, et peut-être
la peinture était-elle perdue pour jamais en Italie.
Annibal sauva l'une et l'autre. Il fit rougir ses deux
confrères de leur faiblesse, leur persuada que c'était
seulement par des ouvrages qu'il fallait combattre
les critiques, et que le meilleur parti était d'opposer
des tableaux vigoureux et fidelles imitateurs de la
nature, aux productions énervées et sans vérité
des vieux peintres. Ils le crurent, renoncèrent à
leur projet, abjurèrent leurs alarmes, pensèrent
à se faire un parti parmi les jeunes gens qui se
destinaient à la peinture, comme le seul moyen
d'opérer la révolution qu'ils méditaient, et pour
y parvenir, formèrent dans leur maison une académie des beaux-arts, sous le titre d'Académie des
Incaminati, et y réunirent une collection nombreuse
de plâtres, de dessins et d'estampes. Ils y établirent
en même-tems une école du nud, de perspective,
d'anatomie ; enfin, de toutes les sciences dont on
peut faire l'application à la peinture. Ils s'attachèrent
aussi à diriger cette académie avec la politesse et
l'urbanité nécessaires pour la rendre en peu de tems
chère aux élèves. Au reste, le caractère emporté
de Dionisio Calvart les servit encore au-delà de leurs
espérances. Ce maître persécutait et frappait même
★

ses disciples pour les fautes les plus légères. Cette conduite aussi indécente qu'injuste procura à l'école des Carraches, le Guide, l'Albane, le Dominiquin. Le Panico quitta également l'école du Fontana. Plusieurs autres jeunes gens recommandables par leurs dispositions, s'y rendirent de différens autres ateliers, et entraînèrent avec eux la majeure partie des élèves. Toutes les écoles devinrent désertes ; toutes les autres académies furent fermées. Le nom des Carraches prévalut sur tous les noms, et leur juste célébrité leur valut les entreprises les plus majeures. Leurs rivaux humiliés changèrent enfin de langage, et leur conversion fut irrévocable, surtout lorsque l'on ouvrit au public la grande salle Magnani, chef-d'œuvre des Carraches. Ce fut à cette époque que le Cesi déclara qu'il suivrait à l'avenir la nouvelle manière, et que le Fontana regretta d'être trop vieux pour l'adopter. Le seul Calvart essaya de dépriser l'ouvrage avec sa jactance accoutumée, et fut le dernier de tous, sinon à se convertir, du moins à garder le silence.

LANZI, dont l'important ouvrage nous fournit tous ces détails, passe ensuite à l'examen des maximes suivies par la nouvelle académie, et de la manière dont on les y mettrait en pratique. Les trois frères, à ce qu'assure l'auteur que nous suivons, étaient parfaitement unis de principes. Ils

enseignaient de concert sans aucun esprit de jalousie
ni d'intérêt cupide : cependant Augustin s'était chargé
des parties les plus difficiles du professorat. Auteur
d'un traité succinct de perspective et d'architecture,
il s'en servait pour son école. Quand il voulait
rendre raison à ses élèves de la position des os et
du mouvement des muscles, et graver ses explica-
tions dans leur mémoire, il les dessinait, et joignait
le nom de chaque à ses dessins. L'anatomiste Lan-
zoni lui était en cela d'un grand secours, et lui
procurait secrètement des corps pour les dissections.
L'Histoire et la Fable entraient également dans ses
leçons ; il en expliquait les sujets, en faisait faire des
dessins que l'on exposait de tems en tems aux yeux
du public, afin que les connaisseurs pussent juger de
leur plus ou moins de mérite. La gloire était le prix
que disputaient les concurrens. Les poètes se réunis-
saient pour honorer les vainqueurs, et Augustin,
favori d'Apollon, mêlait ses chants aux leurs, et
célébrait sur sa lyre les progrès de ses élèves.
Il formait également les jeunes gens à la saine critique. Il fallait qu'ils notassent ce qui était digne
de louange ou de blâme dans les ouvrages d'autrui.
Les leurs, exposés à leur tour, étaient soumis à la
même censure, et celui qui ne pouvait défendre le
sien par des raisons plausibles, le voyait déchirer
en sa présence. Chacun était libre de suivre la route
qui lui plaisait le plus, et d'adopter le style le plus

conforme à son caractère , pourvu toutefois que ce style eût pour base la raison, la nature et l'imitation, et voilà pourquoi tant de manières originales et différentes entr'elles sont sorties de la même école. Dans les questions difficiles, l'on avait recours aux lumières de Louis, et les récréations même des académiciens, soit que dans leurs promenades ils dessinassent des sites d'après nature, soit qu'ils s'amusassent à quelques caricatures , tournaient encore à l'avancement de l'art.

Un des principes fondamentaux de l'école des Carraches était d'unir ensemble l'observation de la nature et l'imitation des meilleurs maîtres des différentes écoles d'Italie. Ils firent quelque fois usage pour eux-mêmes de ce principe sur lequel ils dirigeaient leurs élèves. Ainsi, par exemple, on reconnaît que Louis, dans sa Prédication de Saint Jean aux Chartreux, a employé dans l'expression qu'il donne aux auditeurs le style de Raphaël, celui des deux âges du Titien, et celui du rival du Tintoret. Ainsi Annibal, pendant quelque tems admirateur fidelle du Corrège qu'il imitait uniquement, adopta à la fin la maxime de Louis, ainsi qu'on peut le voir dans son célèbre tableau d'autel à Saint-George, et pour la figure de la Vierge imita Paul Véroneze, rendit l'Enfant Jésus et le petit Saint Jean dans le genre du Corrège, peignit le Saint Jean évangéliste

dans le goût du Titien, et dans la charmante figure
de Sainte Catherine, égala le Parmesan. Mais plus
souvent aussi ils modifièrent cette espèce d'imitation.
Ils fondirent ensemble ces styles divers, ensorte
qu'il en résultait un style entièrement original, et
qui leur était totalement propre.

IL leur eût fallu peut-être, pour la correction du
dessin, un peu plus de connaissances et d'études
de l'antique. Annibal avait, à cet égard, passable-
ment profité de son séjour à Rome. Mengs trouve
que les trois Carraches s'étaient, dans cette partie,
attachés surtout aux exemples laissés par le Corrège.
Dans tout le reste, ils étaient moins imitateurs de
leur modèle favori. Ils s'inquiétaient peu par exemple
de donner aux têtes ce sourire que ne négligeaient
jamais le Parmesan, le Baroccio, le Vanni. Ils rendaient les têtes d'après nature, et les embellissaient
d'après les principes généraux du beau idéal. Ils
excellèrent dans le nud, et quoique l'on en ait pu dire,
il faut les compter parmi les admirateurs de Michel-
Ange, et ne pas mettre trop d'importance à cette
plaisanterie, que la rivalité d'école peut-être inspira
à l'un d'eux, lorsqu'il dit qu'on ne ferait pas mal
d'ajouter de la chair aux anatomies de Buonarotti.
Au reste, ils furent dans leurs ouvrages et plus
avares de figures nues que les Florentins, et plus
prodigues de ces mêmes figures que les autres

*

écoles. Dans leur manière de draper, ils furent
constamment larges, grandioses, pleins de noblesse.
Ils ne s'attachaient point à ces détails minutieux de
plis, de broderies et d'étoffe; mais nulle école ne
les surpassa pour l'ampleur des manteaux et des
vêtemens, et ne les assortit mieux à la dignité des
figures.

Ils furent, selon l'opinion de Mengs, moins coloristes que les Lombards et les Vénitiens. Dans
beaucoup de leurs tableaux, surtout de ceux que
l'on doit à Louis Carrache, le coloris est entièrement
perdu. Il faut en accuser, soit l'*imprimature* des
toiles, soit la mauvaise qualité des huiles, soit l'impatience de l'artiste qui ne lui a pas permis de
mettre l'intervalle convenable entre la préparation
des toiles et l'action de peindre. L'on ne peut pas
faire le même reproche à leurs fresques; ils y riva-
lisent avec Paul Véronnèse pour la fierté du pinceau.
Celles du palais Magnani sont d'une couleur admirable, et selon Bellori, c'est en ce genre le chef-dœuvre
des Carraches. La vérité, la force, l'harmonie, tout
s'y trouve; et en cela on peut encore les considérer
comme les régénerateurs de la peinture. Ils ban-
nirent l'usage des jaunes et des autres teintes faibles
que l'avarice avaient introduites à la place des azurs
et des autres couleurs de grand prix. Bellori fait
honneur de cette réforme à Annibal, et assure que

ce fut par ses conseils que Louis renonça à sa mé-
thode de colorer, qui tenait de celle du Procaccini.

QUELQUE prix qu'ils attachassent à l'expression et à
la vivacité des mouvemens, ils ne s'écartèrent jamais
de la décence; et pour la conserver, ils lui eussent
sacrifié même la grâce. Ils se rapprochent beaucoup
de Raphaël par l'invention et la composition. Leurs
tableaux n'abondent point en personnages ; le nombre
de douze leur paraissait suffisant pour chaque sujet,
à l'exception toutefois de ceux où ils étaient obligés
d'introduire le peuple, ou de figurer des batailles;
et encore, dans ces circonstances, en usaient-
ils avec discrétion. Leur motif était d'éviter que
les groupes ne fussent trop confus. On reconnaît
dans leurs tableaux d'autels, avec quelle sagesse,
quel jugement et quelle vérité ils composaient, et
avec quel soin ils cherchaient à s'éloigner de cette
manière devenue triviale de représenter la Vierge
entourée de quelques Saints. Cette justice si bien
due à leur genre de composition, s'applique mieux
encore aux sujets prophanes, et surtout à l'histoire
de Romulus, peinte dans la maison ou palais que
nous citions tout-à-l'heure. C'est dans cet ouvrage
que les trois Carraches paraissent vraiment univer-
sels dans les différentes parties de l'art : possesseurs
de tous les styles, profonds dans la perspective,
paysagistes habiles, décorateurs élégans, il semble

qu'ils ont voulu y rassembler tout ce que l'on peut
désirer de perfection dans un ouvrage. L'on n'y
distingue pas trois peintres différens. Tout paraît
exécuté par la même main. Il existe aussi plusieurs
de leurs tableaux, à l'égard desquels on est encore
incertain si ils sont ou de Louis ou d'Annibal; l'on
est néanmoins assez généralement d'accord que, relativement a l'imitation, ils ne prirent par les mêmes
maîtres pour modèle ; que Louis, par exemple,
s'attacha au Titien, Augustin au Tintoret, et Annibal
au Corrège. A Bologne, quand il s'agit de prononcer
entr'eux, on cite Louis pour le grandiose, Augustin
pour l'invention, Annibal pour la grâce.

TELLE est l'idée générale que l'on peut se faire de
ces célèbres peintres, et dont j'ai puisé les élémens
dans l'ouvrage de Lanzi. Je crois que le lecteur me
saura bon gré de ne pas m'écarter d'une autorité
aussi recommandable, et de consulter encore cet
historien célèbre en les considérant chacun indivi-
duellement.

CE fut principalement à Bologne que Louis Carrache déploya sa manière grandiose. On peut en
juger par sa *Probatica*, si admirable pour l'architecture et pour le dessin des figures; par son Saint
Jérôme qui, la plume à la main et cessant un
moment d'écrire l'ouvrage qu'il compose, fixe ses

regards sur le ciel avec tant de gravité et de dignité,
et le Limbe des Saints Pères dont il fit une répétition
à Plaisance et à Ferrare, ouvrages que, dans l'école
de Bologne, on regarda toujours comme des modèles
du sublime. Toutefois en examinant son Assomption
aux Thérésiens, son Paradis aux Barnabites, et son
Saint-Georges où se trouve cette jeune Vierge si
admirable, l'on est forcé de convenir qu'Annibal
même n'a rien produit de plus précieux. D'après cela,
il est permis d'avancer que ce n'était pas simplement
par le grandiose du style que Louis excellait, mais
que tous les genres lui étaient propres. Le Malvasia
en cite pour preuve deux fresques dont il décora la
chapelle des Lambertini, à Saint-Dominique. Ces
fresques n'existent plus aujourd'hui, mais cet historien prétend que l'une était admirable par le grand
caractère, et que l'autre était un modèle de grâces.
Il ajoute que l'Albane, le Guide et le Dominiquin
puisèrent dans celle-ci cette suavité de style qui les
distingue ; que ce fut sur l'autre que le Cavedoni se
modela dans son premier tems, comme le Guerchin
dut de même à l'étude du Saint-Paul, que Louis fit
pour les Conventuels, sa profonde connaissance du
clair-obscur.

MAIS c'est surtout à San Michele in Bosco, que
l'on peut juger de la haute célébrité que méritait un
semblable professeur. Il y exécuta lui-même, et fit

*

exécuter par ses élèves, trente-sept tableaux représentant la vie de Saint Benoît et de Sainte Cécile.
L'Incendie du mont Cassin, et plusieurs autres sujets,
sont entièrement de sa main ; le Guide, le Tiarini,
le Massari, le Cavedoni, le Spada, le Garbieri, le
Brizio, et d'autres jeunes gens, exécutèrent le reste.
Cette belle suite a été gravée, et quand on voit cette
galerie, que tant de mains exécutèrent, on peut,
selon l'expression de Lanzi, comparer l'école de
Louis au cheval de Troye, d'où il ne sortit que des
héros.

Ses neveux lui conservèrent toute leur vie ce
respect qu'il méritait si bien, et c'est le plus bel éloge
que l'on puisse faire et de ses grands talens et des
qualités de son cœur. Annibal lui donna une marque
bien sensible de cette vénération profonde, après
avoir terminé la galerie Farnèse. Il l'invita à se
rendre à Rome pour avoir son avis, le prendre pour
juge, et mettre la dernière main à ce grand ouvrage.
Il n'y passa que quinze jours, et retourna à Bologne,
où il survécut dix-sept ans à Augustin et dix à Annibal.
Jetons maintenant un coup-d'œil rapide sur les talens
et les travaux des deux frères.

Malheureusement pour l'art de la peinture,
qu'il pouvait illustrer à l'égal des deux autres Carraches, Augustin se consacra presque tout entier à

l'art de la gravure. En cela, il était dirigé par le sentiment de la gloire et l'amour de la fortune. Les
succès qu'il obtenait lui procuraient l'une, et le prix
que l'on attachait à ses travaux lui assurèrent l'autre.
Il était plus fécond que ses célèbres parens en invention. Beaucoup de connaisseurs le placent également
au premier rang pour le dessin. Il est certain du
moins que son burin corrigeait et perfectionnait les
contours des originaux qu'il gravait. A son retour de
Venise, il reproduisit une de ces surprises que l'histoire a tant célébrée dans Appelles. Il réussit à faire
qu'un cheval vivant se méprit à un cheval qu'il avait
peint. Il concourut avec Annibal pour un tableau d'autel destiné pour les Chartreux. Le sien obtint la préférence. C'était cette Communion de Saint Jérôme,
qui devint une des plus célèbres peintures de Bologne.
La religieuse confiance de ce saint vieillard; la piété
du prêtre qui le communie; la tendre et respectueuse
expression des assistans dont les uns soutiennent son
corps affaibli par l'âge et la maladie, dont quelques
autres écoutent ses dernières paroles, et pour ne pas
les perdre les écrivent à mesure qu'il les prononce;
la diversité des têtes; la vie qui les anime; l'ame
que l'on y voit respirer toute entière; tout est admirable dans ce beau tableau, et il est difficile de
mieux faire. Il devint l'objet des études de tous les
jeunes peintres, et celui de la jalousie d'Annibal. Il
lui fut utile cependant, en ce qu'il le détermina à

travailler plus lentement et avec plus de correction.
Cette jalousie s'accrut encore à Rome , lorsqu'ils
travaillèrent ensemble à la galerie Farnèse. Les
fables de Céphale et de Galatée sont de lui. On
s'accorda alors à dire qu'elles semblaient inspirées
par un poète et exécutées par un artiste grec, et que
dans cette galerie le graveur l'emportait sur le peintre.
Annibal, que ces éloges donnés à son frère tourmen-
taient, réussit enfin à l'éloigner de ce travail. Augustin
se rendit chez le duc de Parme , et exécuta, dans une
salle de son palais , trois allégories , l'Amour céleste ,
l'Amour terrestre et l'Amour vénal ; ouvrage admirable , dont le terme fut malheureusement marqué
par le terme de sa vie. Il restait une figure à faire
dans ce travail, que le duc n'a jamais voulu confier
au pinceau d'aucun autre peintre. A-peu-près dans le
même tems, il esquissa un tableau du Jugement
dernier, qu'il laissa imparfait. Dans la description de
ses funérailles , et dans son oraison funèbre que
prononça Lucio Faberio , l'on cite une tête du Christ
juge des vivans et des morts , qu'il peignit sur du
satin noir, et qu'il ne termina pas. On conserve ,
dans le palais Albani , à Rome , une tête semblable
qui lui est attribuée , et l'on en trouve ailleurs des
répétitions. L'esprit humain ne peut rien imaginer
de plus majestueux et de plus terrible à-la-fois.
Passons maintenant à Annibal.

CE fut en Lombardie qu'il mérita le titre de grand peintre, quelque fût le style qu'il lui plût de suivre. Mengs trouve dans ses premiers ouvrages plutôt l'apparence que la solidité du style du Corrège; mais cette apparence, selon Lanzi, est si flatteuse, qu'elle force à le considérer comme l'un des plus parfaits imitateurs de ce grand maître. Il exécuta une Déposition de Croix pour les capucins de Parme; mais son tableau de Saint Roch est bien supérieur, et peut être regardé comme un abrégé de ce que différens artistes ont offert en perfection. Il le fit pour Reggio, d'où il est passé à Modène et depuis à Dresde. Il a représenté ce Saint distribuant ses richesses aux pauvres. Cette composition est magnifique, et c'est peut-être moins encore pour le nombre de figures que l'on doit l'admirer, que par les études qu'elle a dû lui coûter. Si l'on s'étonne de cette foule de pauvres si différens entr'eux d'âge, de sexe et d'infirmités, l'on est encore bien plus frappé de la variété des groupes et des acteurs. La gratitude de ceux qui reçoivent, l'impatience de ceux qui attendent, la joie de ceux qui comptent ce qu'ils viennent de recevoir, tout est exprimé avec un art inimitable. Toutes ces figures respirent la misère et la bassesse, et cependant tout parle dans ce tableau de la fécondité et de la noblesse de l'artiste. Il fut à Rome en 1600, et là il commença une autre carrière. Alors, dit Mengs, il modéra sa fougue; il corrigea la charge des formes ; il imita Raphaël et les anciens, en conservant néanmoins une partie du style du Corrège pour se maintenir dans le grandiose. On voit dans une lettre de l'Albane, que l'on trouve dans le second volume de Bellori, page 44, que ce maître pensait de même ; mais il ajoute : Qu'au jugement des connaisseurs, la vue des chefs-d'œuvres de Raphaël et celle des statues antiques, lui fit laisser bien loin son cousin.

IL peignit à Rome dans plusieurs églises ; mais si l'on veut connaître ce qui vraiment est digne de sa haute réputation, et ce que l'on peut regarder comme le fondement de l'art qui lui dut, pour ainsi dire, sa renaissance, c'est au palais Farnèse qu'il faut aller le chercher. Les sujets des tableaux qu'il exécuta furent choisis par *il signor* Agucchi, et l'on en trouve la description dans Bellori. Il représenta, dans un petit salon, les images de la Vertu, telles par exemple que Hercule *Albivio* ; (c'est-à-dire, Hercule entre deux chemins, invité par la Volupté à suivre celui qui conduit aux plaisirs, et par la Sagesse à prendre l'autre, plus difficile, mais qui mène à l'immortalité.) Hercule qui soutient le Monde, Ulysse libérateur. Il peignit dans la galerie quelques sujets de la Fable, qui font allusion à l'Amour vertueux, tels qu'Arion et Prométhée, et par opposition, quelques autres sujets

qui ont trait à l'Amour vicieux, parmi lesquels on
distingue surtout un tableau admirable, représentant une Bacchanale. Ces différens ouvrages sont
disposés avec une grande connaissance de l'art de
décorer, et entremêlés avec beaucoup de goût de
stucs et de sujets de clair-obscur. Tout respire dans
cette galerie l'élégance grecque, la grâce Raphaé-
lesque et l'imitation de Michel-Ange ; et tout cela
animé par cette gaîté et cette force, familières aux
Vénitiens et aux Lombards.

Ce grand ouvrage lui a valu l'honneur d'être placé
le premier après les trois grands maîtres, par Mengs,
le Poussin et le Baglioni. On trouve dans diverses
galeries de Rome plusieurs de ses tableaux exécutés
dans son nouveau style. Le palais Lancelloti en
possède un de ce genre, de petite dimension, et
peint à la colle, digne d'être à côté de ce que l'on
a découvert de plus parfait à Herculanum. C'est le
dieu Pan enseignant à Apollon à jouer de la flûte.
L'expression des figures est aussi spirituelle que
vraie. On lit sur la figure de l'élève sa soumission
aux leçons du maître, et la crainte de se tromper
qui le tourmente ; et sur celle du vieillard, l'attention qu'il donne à la manière dont Apollon joue,
le plaisir secret qu'il ressent d'avoir un tel élève,
et le soin qu'il prend de lui dérober la satisfaction
que lui fait éprouver ses progrès, pour éviter qu'il

n'en conçoive trop d'orgueil. C'est l'ouvrage d'un grand maître.

ROME fut le théâtre de sa gloire bien plus que Bologne, où la plus grande partie des ouvrages des Carraches qui subsistent encore, donne le pas à Louis sur Annibal. Lanzi fait à ce sujet une réflexion très-sage. Que d'autres, dit-il, accordent à Augustin plus de génie et à Louis plus de talent pour enseigner; quant à moi, lorsque je considère qu'Annibal ajouta au patrimoine de son école les richesses de style que les plus grands hommes de la Grèce mirent tant de siècles à accumuler; quand je réfléchis aux progrès que la vue de ses chefs-d'œuvres à Rome, firent faire au Dominiquin, au Guide, à l'Albane et à Lanfranc, et au perfectionnement que lui dut le genre si aimable, si séduisant, si délicieux des écoles flamande et hollandaise, je ne balance pas à dire qu'Annibal fut le plus grand peintre de la famille.

LES trois Carraches peuvent être considérés comme les derniers souverains de la peinture moderne en Italie. Leurs grands talens ne les empêchèrent pas d'être les victimes de la sordide avarice de ceux qui les employèrent. Malvasia gémit sur la modique fortune de Louis, et ses deux cousins moururent plus pauvres encore. Tous trois vécurent dans le célibat, et ne laissèrent point d'enfans pour

pour perpétuer leur école. Leur art était leur unique passion. Ils lui consacrèrent tous leurs momens ; à table même ils n'étaient jamais sans crayons ni papier, prompts à saisir tout objet, tout acte, tout geste qui leur paraissait susceptible d'être peint. Heureux dans leur médiocrité, ils eussent craint, dit Lanzi, qu'en introduisant une femme dans leur maison, elle n'eût altéré cette concorde, cette amitié qui les animait, et rendait communes à tous les lumières individuelles de chacun. Ils sentaient aussi qu'elle les aurait arrachés à l'étude, et que probablement elle eût accru leur pauvreté : malheur que trop d'artistes ont éprouvé, et qui pour satisfaire au luxe de leurs femmes et aux besoins de leurs familles, sont tombés dans la misère.

LOUIS, parvenu à une extrême viellesse, et ses deux cousins descendus au tombeau, il ne resta plus que deux jeunes gens du nom de Carrache, Francesco à Bologne et Antonio à Rome.

FRANCESCO était frère cadet d'Augustin et d'Annibal. Orgueilleux d'une semblable parenté, et fier du talent qu'il possédait, plus encore pour le dessin que pour la peinture, il eut l'insolence d'opposer une école à celle de Louis, son maître, et de faire écrire sur la porte : *C'est ici la véritable Ecole des Carraches.* Il devint l'objet de la haine

★

générale à Bologne, où dès-lors, on ne le regarda
plus que comme le persécuteur et le meurtrier d'un
respectable vieillard, que son nom, sa haute réputation et les services qu'il en avait reçus devaient
lui rendre sacré. Il s'enfuit à Rome, où, accueilli
d'abord à cause de son nom, il fut bientôt après
connu et méprisé. Il y mourut dans un hôpital à l'âge
de vingt-sept ans, ne laissant après lui, dans cette
capitale, aucun ouvrage capable d'y conserver sa mémoire. Antoine Carrache, fils naturel d'Augustin, tint
une conduite toute opposée. Celui-ci était doué du plus
heureux caractère, sage, prudent, aimable, pénétré
de respect et de gratitude pour ses parens. Il reçut à
Rome les derniers soupirs de son oncle Annibal,
et lui rendit les derniers devoirs avec toute la
pompe et la dignité si bien dues à un aussi célèbre
peintre. Ces funérailles se firent dans la même église
où s'étaient faites celles de Raphaël, et les cendres
d'Annibal furent, par les soins de son neveu,
déposées à côté de celles de ce grand maître.
Antoine ne survécut que peu d'années à Annibal. Il
vécut honorablement à Rome, où il mourut à trente-
cinq ans. Il travailla au palais pontifical et à Saint-
Barthélemi. Ses ouvrages sont rares. Les cabinets
particuliers en possèdent très-peu. Lanzi cite une
Sainte-Véronique de ce peintre, qu'il avait vue à
Gênes, chez MM. Brignole Sale. Bellori écrivit sa
vie. Le manuscrit a été perdu ; mais cette attention

que cet historien avait cue pour lui, doit faire supposer que ce peintre était un homme d'un grand
mérite ; car on sait que Bellori ne consacra sa plume
qu'aux artistes du premier rang.

BALDASSARE ALOISI, dit le Galanino, est le
dernier de la famille des Carraches que l'on trouve
dans cette belle école. Il ne le céda, pour la
composition, à aucun de ses compagnons d'étude.
On peut s'en convaincre par son tableau de la
Visitation, à la Charité de Bologne, tant célébrée
par le Malvasia, et par plusieurs tableaux d'autel à
Rome, dont Baglioni fait l'éloge. Malheureusement
la fortune ne seconda pas ses talens, et il fut obligé,
pour vivre, de s'adonner au genre du portrait. Il y
réussit parfaitement.

DE grands artistes sortirent également de l'école
des Carraches, et en fondèrent à leur tour de
nouvelles, tels que le Dominiquin, l'Albane, le
Guide, l'Enfranc, le Spada, le Cavedone, et tant
d'autres à qui l'école de Bologne a dû tant de lustre.
J'en parlerai plus amplement lorsque, conformément
au plan que je me suis tracé, j'arriverai à traiter des
écoles d'Italie en général, après avoir fait connaître
les grands chefs que chacune d'elles ont eu, et que
je reviendrai sur l'école Bolognèse.

JE ne puis m'empêcher, en terminant l'aperçu rapide de cette belle École, dont la splendeur dura jusqu'au Cignani, de citer un phénomène de folie assez singulier dont elle fut le théâtre. Un certain Giovannino da Capugnano, dont Malvasia et l'Orlandi font une longue mention, se mit en tête qu'il était peintre. Son métier était vernisseur de meubles. Il s'avisa de faire des paysages d'une bizarrerie si comique, que les maisons y étaient plus petites que les hommes, les hommes plus petits que les animaux, et ces derniers plus petits que les oiseaux. Applaudi dans son village, il vint à Bologne et y ouvrit une école. Le Spada y entra comme élève pour le persifler, feignit de copier ses *chefs-d'œuvres*, et bientôt, pour mettre fin à la plaisanterie, se retira en laissant dans son atelier une magnifique tête de Lucrèce qu'il avait peinte, avec des vers en l'honneur du Capugnano. Sa colère contre ce déserteur, devenu, disait-il, si habile sous son magistère, fit l'amusement de toute la ville. Les Carraches lui dessillèrent enfin les yeux. On trouve dans quelques cabinets quelques-unes de ses caricatures.

COUP-D'ŒIL GÉNÉRAL

SUR

LES DIVERS ÉCOLES D'ITALIE

DEPUIS MICHEL-ANGE ET RAPHAEL.

APRÈS avoir fait connaître les célèbres chefs d'école, tels que Michel-Ange, Raphaël, Jules-Romain, le Titien, le Corrège, les Carraches qui portèrent l'art de la peinture à un si haut degré de gloire dans les écoles dont ils sont justement considérés comme les fondateurs, ils n'est pas inutile d'examiner ce que ces mêmes écoles devinrent après eux, et quel fut le plus ou le moins de fidélité avec laquelle on suivit la route qu'ils avaient tracée. J'ai annoncé plus d'une fois, dans le cours de cet ouvrage, que telle serait la marche que je suivrais pour donner une idée générale de l'histoire de l'art en Italie. On ne peut se dissimuler que depuis l'époque mémorable où les deux princes de la peinture illustrèrent le siècle de Médicis, l'art n'ait penché vers la décadence au-delà des Alpes. Il ne

*

sera donc pas inutile de voir si l'on doit attribuer
cette décadence à une imitation trop scrupuleuse de
ces deux grands maîtres, ou à un abandon trop subit
des principes qu'ils posèrent; peut-être faudra-t-il
en accuser également ces deux fautes commises, l'une
par l'esprit de parti, l'autre par un orgueil irréfléchi;
les uns par un entêtement funeste, ennemis exclusifs
de tout ce qui n'appartenait pas à leur école, et
bornant toute leur science à copier plutôt qu'à imiter;
les autres novateurs imprudens repoussant toute imitation pour s'annoncer comme créateurs; et les uns
et les autres oubliant toujours qu'il est dans les arts
un point de perfection que l'on ne peut dépasser, et
que si l'on n'a pas le bon esprit de s'y arrêter, chaque
pas que l'on fait au-delà est un pas rétrograde.

L'EXAMEN rapide que nous allons faire des tems
postérieurs à la grande époque, nous conduira à
parler des écoles de Gênes, de Naples et de Turin,
que nous n'avons pu signaler encore à nos lecteurs,
parce qu'elles sont, en apparence du moins, plus
modernes que les écoles Florentine, Romaine, Véni-
tienne et Lombarde, et que d'ailleurs elles doivent
leur origine bien plus à des peintres nés hors de leurs
murs qu'à des nationaux.

ON dit communément en Italie, que pour le
progrès des arts, Michel-Ange vécut trop, et Raphaël

trop peu. En effet, on conçoit aisément l'influence
prodigieuse qu'exerça encore long-tems après sa
mort un artiste dont la réputation fut colossale, la
fortune immense, et la longévité très-rare. Michel-
Ange survécut à tous les peintres célèbres qui, de son
tems, illustrèrent Florence, il ne laissa donc point
après lui de maîtres capables d'éviter à l'école les
erreurs dont elle était menacée, et qu'il prévoyait lui-
même, puisqu'il avait dit que son style enfanterait
beaucoup de peintres niais, prédiction qui ne se
réalisa que trop.

Le fameux carton de ce grand maître qui, dans
Florence, servit long-tems à l'étude, sur lequel se
formèrent tant d'hommes de mérite, et dont la des-
truction aurait rendu la mémoire du célèbre Baccio
Bandinelli justement odieuse, s'il était prouvé qu'il se
fût rendu coupable d'un aussi grand crime, comme
l'en ont accusé des hommes ennemis peut-être de sa
gloire, jaloux au moins de son talent, dont l'intention
était aussi d'inculper indirectement Léonard de Vinci
afin de le rendre inférieur à Michel-Ange, en faisant
entendre que Baccio Bandinelli ne s'était porté à cette
méchante action que pour servir le Vinci son ami,
et lui éviter une parallèle défavorable; ce carton,
dis-je, n'existait plus : les peintures les plus considérables de Michel-Ange étaient à Rome, et Florence en
était privée. Ses partisans en étaient donc réduits à ne

dessiner que d'après les statues sorties de son ciseau,
et cette étude mal réfléchie, jeta dans leurs compositions une roideur désagréable et une glace repous-
sante. Ils croyaient toucher à la perfection, pourvu que
dans leurs figures le jeu des muscles fût fortement
prononcé. Il en résultait une contraction pénible, et
une sévérité de traits qui tenait de la rudesse; mais
négligeant les connaissances anatomiques, ils igno-
raient ou rendaient d'une manière vicieuse ce jeu
des muscles sous les tégumens de la peau, les attachaient souvent hors de leur place, et leur donnaient
la même action, soit que le personnage fût en
mouvement ou en repos, soit qu'ils représentassent un
être jeune ou délicat ou un homme dans la vigueur
de l'âge. Ils croyaient ainsi avoir atteint le grandiose
de la manière de Michel-Ange, et s'embarrassaient peu
du reste. Ils accumulaient les figures sans distinguer
de plans; ils dédaignaient l'expression; ils ne cherchaient point la couleur. La beauté de l'azur et des
verts fut remplacée par une couleur de bistre : ils
abandonnèrent le fort empâtement pour des teintes
superficielles, et l'admirable relief qu'André del Sarto
avait si bien étudié, et dont il avait laissé de si beaux
exemples, fut surtout oublié. Tel est à-peu-près le
tableau que Lanzi nous a laissé des tems qui suivirent
Michel-Ange.

CELUI qui donna le signal de cette décadence fut

un homme célèbre, plus encore par ses écrits que
par ses talens dans l'art du dessin. Je parle de Vasari,
issu d'une famille féconde en artistes. Giorgio Vasari
vit le jour à Arezzo. Il eut entr'autres deux oncles
qui se distinguèrent dans les arts ; l'un, Lazaro Vasari,
fut un des imitateurs de Pietro della Francesqua ;
l'autre', qui comme lui porta le nom de Giorgio ,
exécuta des vases dans les plus belles formes antiques,
précieux par la beauté des bas-reliefs et l'éclat du
vernis. Il en existe encore dans la galerie royale
de Florence.

Notre Vasari apprit le dessin sous Michel-Ange,
André del Sarte, et autres hommes célèbres de ce
tems. Le Priore et le Rosso le dirigèrent pour la
peinture. Le cardinal Hypolite de Médicis, son protecteur, le conduisit à Rome , où il acheva de se
perfectionner , et où sa réputation commença. A
l'exemple de Raphaël et de Michel-Ange , il voulut
être architecte et peintre tout-à-la-fois , et se vit
chargé de travaux considérables. Le cardinal Farnèse
lui fit exécuter à fresque les plus grands traits de
la vie du pape Paul III ; et le grand duc Côme I.er le
chargea de la décoration du palais vieux et de la
superbe fabrique des Offices. Pour faire tête à ces
grandes entreprises , et satisfaire son amour pour
l'argent, il se créa une manière expéditive, et se
fit aider par une foule de jeunes gens sur le choix

*

desquels il ne fut peut-être pas assez scrupuleux. Il est regrettable que ce peintre n'ait pas mieux jugé de ce qui convenait à sa gloire et aux intérêts de l'art, car il est facile de voir, par un petit nombre de ses tableaux, qu'il avait reçu de la nature et qu'il tenait de ses études tout ce qu'il fallait pour être un artiste de première ligne. Son tableau de la Décolation de Saint-Jean, dans l'église de ce Saint à Rome, son Festin d'Assuérus aux Bénédictins d'Arezzo, sa Conception à Saint-Apostolo à Florence, que le Borghini considère comme son chef-d'œuvre, et quelques autres productions, attestent un homme de mérite, qui, s'il n'a pas toujours bien fait, c'est qu'il n'a pas voulu faire mieux. Ce fut un malheur pour lui d'obtenir de son vivant une trop grande réputation. Elle lui attira trop de travaux importans. Pour les conduire à terme, il fut obligé de se hâter. Il tomba dans la manière, il consulta moins la nature, il n'eut plus le tems de rien préparer par l'étude; il cessa de méditer ses conceptions, et ses compositions de sujets mal conçus ou trop peu muris, furent fausses ou mal entendues; sa couleur devint factice; il observa moins la perspective; enfin, il négligea jusqu'au dessin, et ce peintre qui, dans cette partie, avait eu des maîtres si fameux, et en avait porté la connaisance si loin, devint incorrect et négligent.

ON s'aperçoit en lisant ses ouvrages, qu'il ne se

dissimulait pas le tort qu'il faisait à sa propre gloire, par la manière adroite dont il cherche à s'excuser aux yeux de la postérité. Il rejette la faute tantôt sur l'impatience de jouir qu'éprouvaient les princes et les grands qui l'employaient, tantôt sur le peu d'expérience des jeunes gens dont il se servait pour l'aider. Il n'en est pas moins vrai que ces mêmes jeunes gens étaient dirigés par ses conseils, et que dès-lors on peut le regarder comme l'auteur de la décadence de l'art, puisque cette espèce de génération qu'il mit en œuvre, transporta dans l'école cette roideur de style qu'on lui reproche avec tant de raison. Au reste, il ne pouvait se faire illusion à cet égard. Il fut témoin auriculaire des nombreuses critiques qu'éprouvèrent ses peintures au palais de la Chancellerie, peintures qu'il termina en cent jours, pour complaire au cardinal Farnèse. Et d'ailleurs, Caro, l'un de ses meilleurs amis, ne lui épargnait pas les représentations à cet égard, et lui mettait souvent sous les yeux le tort irréparable qu'il se faisait en agissant de la sorte.

Il rendit sans doute un grand service en créant ou en disposant le Grand Duc à créer une Académie de dessin à Florence. Cette idée lui fut suggérée par un moine servite nommé F. Gio. Angiolo Montorsoli, habile statuaire; ce moine gémissait de voir la compagnie de Saint-Luc, formée dans le XIV.e siècle, tombée dans l'oubli. La nouvelle Académie s'institua sous les meilleurs auspices. Le Grand Duc voulut en être le protecteur. Il ordonna que sous lui elle serait toujours dirigée *par un Noble* florentin, choisi parmi les plus instruits, et la volonté de ce souverain a été respectée jusqu'à nos jours. Le premier directeur fut don Vincenzo Borghini; il eut pour successeur le chevalier Gaddi, celui-ci Baccio Valori, ainsi de suite. On donna à l'Académie pour palais le chapitre de l'Annonciade, orné des sculptures et des peintures des plus habiles artistes du tems; on lui assigna un lieu pour ses assemblées, et elle devint l'objet constant des faveurs de tous les princes qui gouvernèrent Florence. Mais elle portait dans son sein un vice radical. Les premiers académiciens étaient imbus des maximes de Vasari; ils les transmettaient à leurs élèves; leur opinion à cet égard devint exclusive; tout ce qui parut à la longue ne put être bon que dans le sens de ces principes, et un corps dont on pouvait attendre la régénération, ne servit au contraire qu'à assurer davantage la décadence.

DANS cette liste nombreuse de peintres de cette époque, maniérés pour le style, toujours secs et roides dans leurs figures, assez bons dessinateurs, mais sans grâces, sans expression, sans connaissance du beau idéal, on rencontre cependant de

loin en loin quelques hommes capables de mieux
faire, s'ils eussent eu le courage de secouer les
préjugés du tems. Tels sont l'Allessandro Allori, le
Santi Titi, le Naldini, tous élèves du Bronzino et quelques autres; mais, comme je viens de le dire,
esclaves des opinions reçues dans les écoles du tems,
la manière dont ils dirigeaient les études de leurs
élèves ne pouvait amener l'art à secouer le joug sous
lequel il était courbé. Ils n'occupaient les jeunes gens
qu'à dessiner les plâtres d'après Michel-Ange, et
qu'à copier leurs propres tableaux quand ils étaient
terminés; en sorte qu'ils contractaient tout à-la-fois
dans leurs études et la roideur inséparable des statues,
et les défauts plus ou moins grands que comportaient
les productions de leurs maîtres, qui par amour-
propre ou par ignorance peut-être se gardaient bien
de les leur faire remarquer. Il arrivait encore qu'ils
ne pouvaient recevoir aucuns conseils étrangers, parce
que les maîtres ne voulant pas que leurs tableaux
fussent connus avant qu'ils sortissent de leurs ateliers,
les élèves étaient obligés de travailler secrètement à
ces copies, en sorte que les études étaient presque
toujours enveloppées de mystère, et que l'art de la
peinture était devenu pour ainsi dire une science
oculte. L'Ecole du Naldini entr'autres poussa ces
divers défauts jusqu'à l'excès.

Un homme sembla sortir de cette route commune,

*

ce fut le Poccetti, le seul habile artiste peut-être de cette époque de décadence, et par conséquent l'un de ceux qui fut le moins loué, et que Vasari n'a pas cru digne d'être compté dans l'école de Michel-Ange et dans le catalogue des académiciens. Il est vrai qu'à l'époque ou Vasari écrivait, il n'était encore connu que par des grotesques et des décorations de façades de maisons. Bernardino Barbatelli, surnommé Poccetti, quitta Florence dans sa jeunesse, et se rendit à Rome, où il étudia avec passion les chefs-d'œuvres de Raphaël et ceux des célèbres maîtres. Il y passa plusieurs années sans donner aucun relâche à son amour pour son art; et quand il revint dans sa patrie, il y rapporta un grand talent, aimable, gracieux, expressif dans les figures, riche, et ingénieux dans ses compositions. Fertile en idées, exercé à tous les genres, il embellisait ses sujets de tout ce que la nature étale de dons ou d'accidens sous nos yeux; paysages, montagnes, marines, fleurs, fruits, verdure, végétation brillante, il usait de toutes les ressources pour embellir et animer ses productions. Peignait-il un sujet d'intérieur, l'élégance de l'architecture, la pompe et le luxe des vêtemens, la richesse et la fraîcheur des tapisseries qu'il imitait surtout d'une manière admirable, ajou-taient à l'intérêt de la scène qu'il représentait. Ses tableaux sur toile sont en très-petit nombre; mais ses fresques sont très-multipliées. Si l'on veut avoir une idée du mérite de ce peintre, il faut se rappeler avec quel empressement Mengs, ce juge si sévère, ce connaisseur si avare de louanges, recherchait toutes les fois qu'il venait à Florence les fresques du Poccetti, même les plus ignorées, et avec quelle application il les étudiait. Il avait le travail facile, sa touche était sûre, son pinceau certain. Un de ses chefs-d'œuvres est dans le cloître de l'Annonciation. Il représente un Noyé rappelé à la vie. Les connaisseurs le classent parmi les plus beaux tableaux de Florence.

MAIS pour un homme de ce mérite, combien ne rencontre-t-on pas à cette époque d'artistes, je ne dis pas médiocres, mais voués à cette manière aride et sèche, alors à la mode, et que l'on célébrait cependant comme des hommes du premier mérite? tels par exemple que ce Maso Manzuoli, autrement dit S. Friano, tant vanté par Vasari, et dont Lanzi, dans une seule phrase, peint à merveille le genre de mérite quand il dit : qu'il ressemble à certains écrivains dans les ouvrages desquels la grammaire n'a rien à reprendre, et l'éloquence rien à louer. Il serait fastidieux d'entrer dans quelques détails sur cette longue nomenclature de peintres et d'académiciens, dont l'éducation vicieuse, les principes erronés, et les préjugés d'école prolongèrent la décadence de l'art, et que Vasari n'a vantés que pour atténuer ses propres fautes, ou peut-être pour se rehausser lui-même par la comparaison que l'on ferait de ses ouvrages avec les

(40)

leur. Cet état de choses dura jusqu'après la mort du Titi. Alors perça une sorte de tendance au retour vers une amélioration. On reconnut que les jeunes gens, toujours mauvais coloristes, n'avaient besoin que d'être stimulés pour suivre une autre route. Un tableau que le Baroche envoya d'Urbin à Arezzo, détermina la révolution, et ce furent le Cigoli et le Pagani qui l'exécutèrent.

FIN DU HUITIÈME VOLUME.

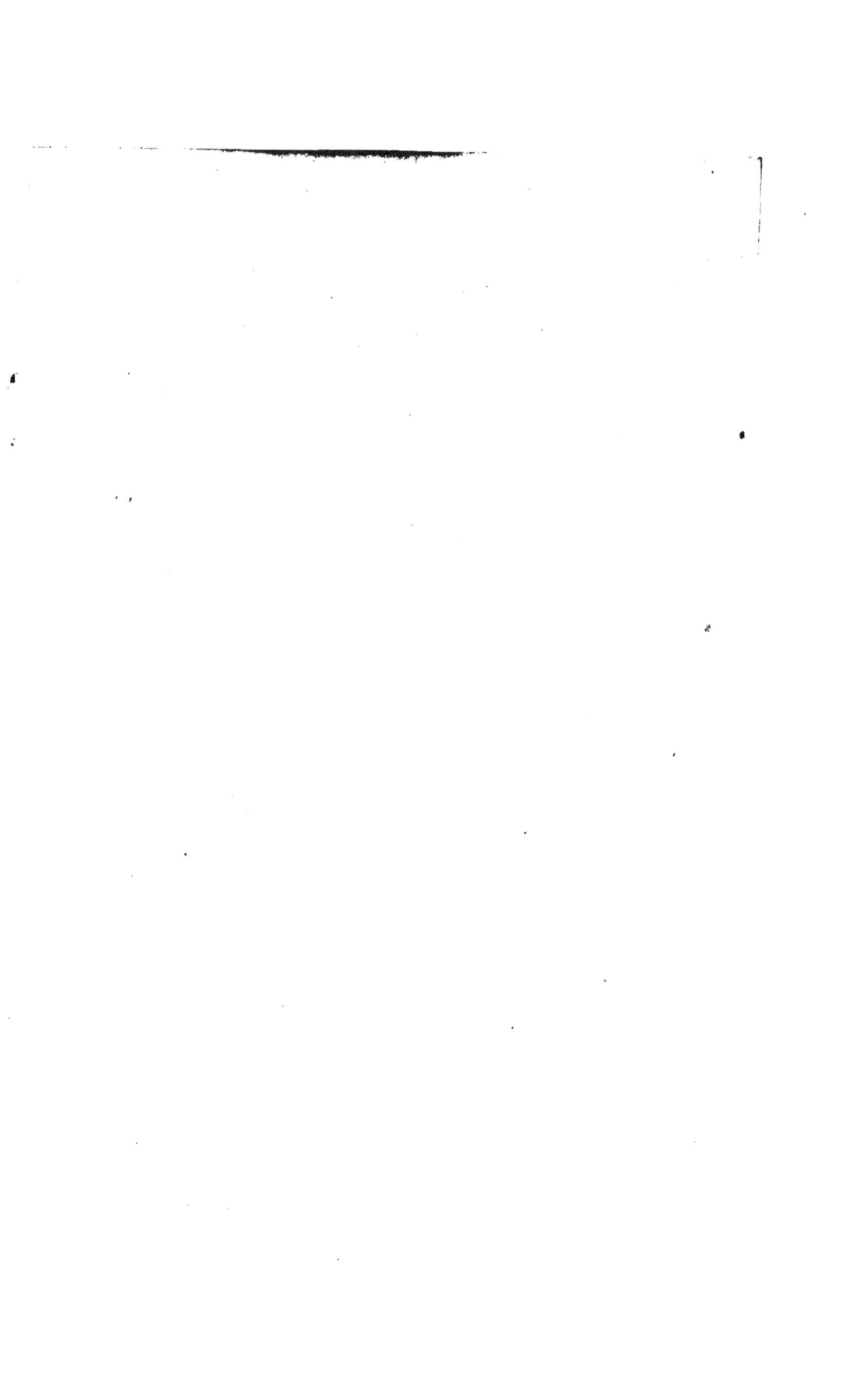

www.ingramcontent.com/pod-product-compliance
Lightning Source LLC
Chambersburg PA
CBHW060141200326
41518CB00008B/1102